Suguru Osako

Running Note

大迫傑 決戦前のランニングノート

2021年3月、ケニア・イテンにて。ロードでのポイント練習

2021年2月、イテンのトラックフィールドでワークアウトの日

標高約2400mのイテン。朝晩は冷えるが、日中は晴れれば暑い

イテンの練習拠点にはウエイトなどの設備もしっかりと整っている

川崎友輝（左端）らケニアでの練習パートナーとの記念撮影

イテンの見晴らしのいいレストランで食事の前のひととき

2/24(水)
am: 13mile　　pm: Nairobiへ、SE用不動産見学。

日頃のトレーニングの中で大切にしているのは、生活の一部として合宿を行うこと。だからこそ3〜6ヶ月という長期間を合宿期間に出来る。今回ナイロビに行ったのもリラックスするという意味もあった。日本食レストランにも今日行ったし、土曜日にも行く予定で楽しみ。到着後カロキに案内されてSE用の物件を見に行ったが良い家だった。だがなぜかぼったくられている感じがする。ケニアにいる間に競技外の活動も何かしらやれるようにしたい。

2/25(木)
am: 11mile
日本大使館へご挨拶へ伺った。その後はリラックス。

2/26(金)　　weekly 140mile

夜、落ち着いた時間にひとりノートと向き合う

「自分の考えを書き留める作業は、新しいステップになる」

NIKE TRAIL

CONTENTS

プロローグ

僕が日誌をつける理由。

東京オリンピックが1年延期になったことで、いろいろなことを考える時間ができました。そのなかでこの貴重な経験を記しておいてもいいのではないか。そんなふうに思い、ケニアに来てから日誌をつけることにしました。

丁寧に練習日誌をつけている選手もいますが、これまで僕はたまにメモを取る程度で、ほとんど記録をつけていませんでした。

そんな僕が唯一日誌をつけていたのが、佐久長聖高校時代。陸上部員は毎日書かなくてはいけない決まりになっていたのです。1日の終わりに日誌をつけて、翌朝先生に提出をすると、その日の夕方にはノートが戻ってくる。確認のハンコだけのときもありましたが、先生からの意見やアドバイスなどが書かれていることもありました。

新入生には先輩が書き方を教えてくれるのですが、特にフォーマットは決まっていませんでした。ただ、次の3つは書かなくてはいけませんでした。

・1日のスケジュール

・小さな勝ち／小さな負け

・フリースペース

まずは何時に起きて、何時に練習をして、何時に食事をしたかといった1日のスケジュール。何時から練習スタート、というざっくりとした書き方でも良いのですが、僕は細かく記していました。

例えばある日の練習メニューはこう書いています。

3:45　アップ　体操　20′ジョグ　動きづくり

4:30　競技場外周にて（1周500mコンクリート）

①3′24″9　②3′25″7　③3′27″5……

他にも清掃の時間や、食事のメニュー、どんな治療をしたかなど、日常生活のことも細かく書いていて、改めて見返すと今の僕からは考えられないぐらい几帳面です。

日々の“小さな勝ち”“小さな負け”は、大きな成果を得るには積み重ねが大切だという両角先生の考えからきています。成果に確実に歩み寄っていけるように、勝ちは前進、負けは後退という意味で書かせていたそうです。ただ、僕は“負け”についてはほとんど書いていなかった自覚があります。当時から「負けていないのに、なぜあえて負けをつくらなきゃいけないんだろう」って思っていたからです。その代わりに3つ目の項目として“小さな発見”を加えていました。

これは学生時代から変わらないのですが、MGC（マラソングランドチャンピオンシップ）のときのように自分が納得のいく負け方をしたときは、学ぶことや考えることがとても多い。だから高校時代は負けたことについての思いをフリースペースに色々と書いていた覚えがあります。逆に納得がいかない負け方のときは、ほとんど書いていなかったんじゃないかな（笑）。

このフリースペースを両角先生は重視していて、日誌は毎日最低でも1ページは書くのが決まりでした。ただやったことを並べるだけの日誌ではなく、自分の感情や思いを形式にとらわれずに、自分の言葉でたくさん入れるようにと、よく言われていました。

正直、練習方法やタイムは成長に合わせて日々アップデートされていくものなので、最低限で構わないと僕も思います。

それよりも日誌をつける意義として先生に言われていたのは、競技を続けていって、将来見返したときに新しい発見があるかもしれない、それが財産になるかもしれないということです。僕は今まで一度も見返したことがありませんでしたが、それでも自分の思いを整理して、言語化して、書き出すという作業を高校生のときにやっておいたことは、その後の自分にとても役立っていると思います。今、インタビューで僕が自分の思いをきちんと話すことができるのは、高校時代に日誌をつけていたからでしょう。

その日、何かを感じたとしても、なかなか言葉に出さないことがあると思います。例えば僕は走っているときにいろいろなことを考えるし、走るなかで解決することもたくさんあります。でも、日が経つにつれて忘れてしまうことも多い。

今回日誌をつけて感じたのは、考えが大きく変わっていることはないのだけれど、数日前の日誌でも読み返してみると「この日はこんなこと考えてたんだな」と発見が多いこと。もちろん「同じこと言ってるな」という日も多いのですが、自分の気持ちを文字にして振り返ると思いもよらない気づきがあるし、書いて読み返して……を繰り返すことで、自分の思考がさらに整理されて、研ぎ澄まされてきたと感じています。

高校時代の日誌と、今の日誌を比べてみると……昔の方が汚れていないというか、もっとピュアな印象です（笑）。

僕には不安症的なところがあって、高校時代はライバルに負けるんじゃないか、どうやったら勝てるのか、そういった不安や焦りを日誌に書いていた覚えがあります。これはネタですけれど、両角先生に食事の量では負けたくないとか（笑）。どちらにしても競技におけるストレスが日誌を占めることが多かったのですが、今は競技にストレスを感じることはほとんどありません。競技生活を続けていくなかで、焦っても仕方ないことを学びましたし、負けず嫌いな感情がエネルギーになっていることも分かっているので、ストレスにならないのです。一方で今の日誌を見返してみると、競技以外でストレスを感じていることが多いのに気づきます。コロナやオリンピック関係のニュース、SNSやオンラインミーティング……。ケニアは競技に集中できる環境ではありますが、それでも競技だけに集中することは難しいのだなと改めて感じました。

最近思っているのは、「次は頑張ります」とか、当たり前のことやきれい事、薄っぺらいことを発信している選手がとても多いということ。自分なりのドラマとゴールを見つけて取り組むのは、スポーツに限らず、誰にとっても必要なことだし、アスリートはみんな自分の価値観を持って、競技に邁進しているはずです。

せっかく発信する場があるのだから、そのプロセスを自分の言葉で綴り、共感してもらうことが大切で、そのためには自分の言葉を磨いていく必要があると思っています。

競技を頑張ることは当たり前ですが、アスリートを目指す子供たちや学生には、自分の思いを文字にする大切さを、日誌に書くことで感じてもらえればと思います。

ついアスリート目線になってしまいますが、日誌は市民ランナーの方にも役立つはずです。スマートウォッチなどでログをつけている方も多いと思いますが、仕事であったことやその日の気分、練習の課題、レースの反省点なども書き留めて、積み重ねていくことで、自分に合ったトレーニングや調子のパターンが見えてくるでしょう。高校時代、僕の日誌を読んだ両角先生が感じたように「この日は余裕がなかったな」などの発見もあるかもしれません。

これを機に僕が考案したランニングノートを、ぜひ利用してもらって、楽しみながらトレーニングを続けてもらえればと思っています。

2021年2月22日

両角速先生よりメッセージ

（東海大学陸上競技部駅伝監督。1995〜2010年まで佐久長聖高校駅伝部監督）

日誌をつける意味

私は現役選手のときから、競技者として自分のトレーニングを記録し、振り返ることは当たり前だと思っていました。ですから、佐久長聖高校の監督に就任した当初から、生徒たちにはノートをつけさせていました。

日誌をつける意味は、今日やったことを今日中に記録しておくことで、後日見返して、比較ができるということ。例えば、高校生活では3年間、この時期はこの記録会に出るというスケジュールが大体決まってきます。1年を通しても、同じ種目に何度も出ることになる。そのときに、前回どんな準備をしたか、試合後どんなことが反省点だったのか、ラップタイムが書いてあれば、周回ごとのペースも分かる。今の自分の力と比較ができるので、やるべきことや目指すべきものが自然と見えてくるのです。

私自身、試合の前などは、生徒の日誌を読み返して、過去の実績を参考に、選手の仕上がり具合などをチェックしていました。

だからといって練習内容だけを書けばいいわけではなく、私はその日自分が思ったことや考え方を書くことが大切だと思っています。入ったばかりの生徒たちは、まだ日誌を書くことに慣れていないため、内容を満たしていない選手には「もっと自分の思いを書くように」と指導をすることもありましたし、日誌と行動が伴わないような選手とは直接、話をしたりもしました。

佐久長聖高校の陸上部は寮生活です。色々な誘惑をシャットアウトして、陸上だけに集中しなくてはいけない環境のなかで、自分が綴った言葉はひとつの財産になると思っています。

自分が思ってもいなかったようなことが書かれていたり、純粋な競技への思いを見つけたり……。学生時代は書くのが面倒だと思っていても、大人になって読み返したときに、書いておいてよかったと感じてくれたらいいと思っています。

私が知る大迫は、自分と向き合うことはあまりなくて、常にライバルを強烈に意識していました。例えばハードな練習前、多くの選手は自分の調子を心配したり、この練習はできないんじゃないかと考えがちです。ところが大迫は「この練習をやったらあいつに勝てるはずだ」「こんな練習では負けてしまうのではないか」と考える。「できる」「できない」と自分と向き合うようなことは考えないんです。それが日誌にもすごく出ていたし、彼が成長するエネルギーになっていたのだと思います。

大迫のせっかちな性格も日誌によく表れていました。彼は日誌に限らず、言われたことはやるけれど、さっさと終わらせたいというタイプでした。日誌の文字や書き方にも早く終えたいという感じが出ていましたが、気持ちに余裕があるときはきちんと書いていました。長く見ていると文字の乱雑さや文章の量などで伝わる調子や気持ちがあるのです。

現在指導する東海大学の選手たちにも日誌を書かせています。部員も多いですし、全ての現場に行くことも物理的に難しいので、現在は「アトレータ」というアプリを使っています。ただ、大迫のように文字から分かることも多いので、本当は手書きが一番だと今でも思っています。

佐久長聖高校3年生の時の練習日誌

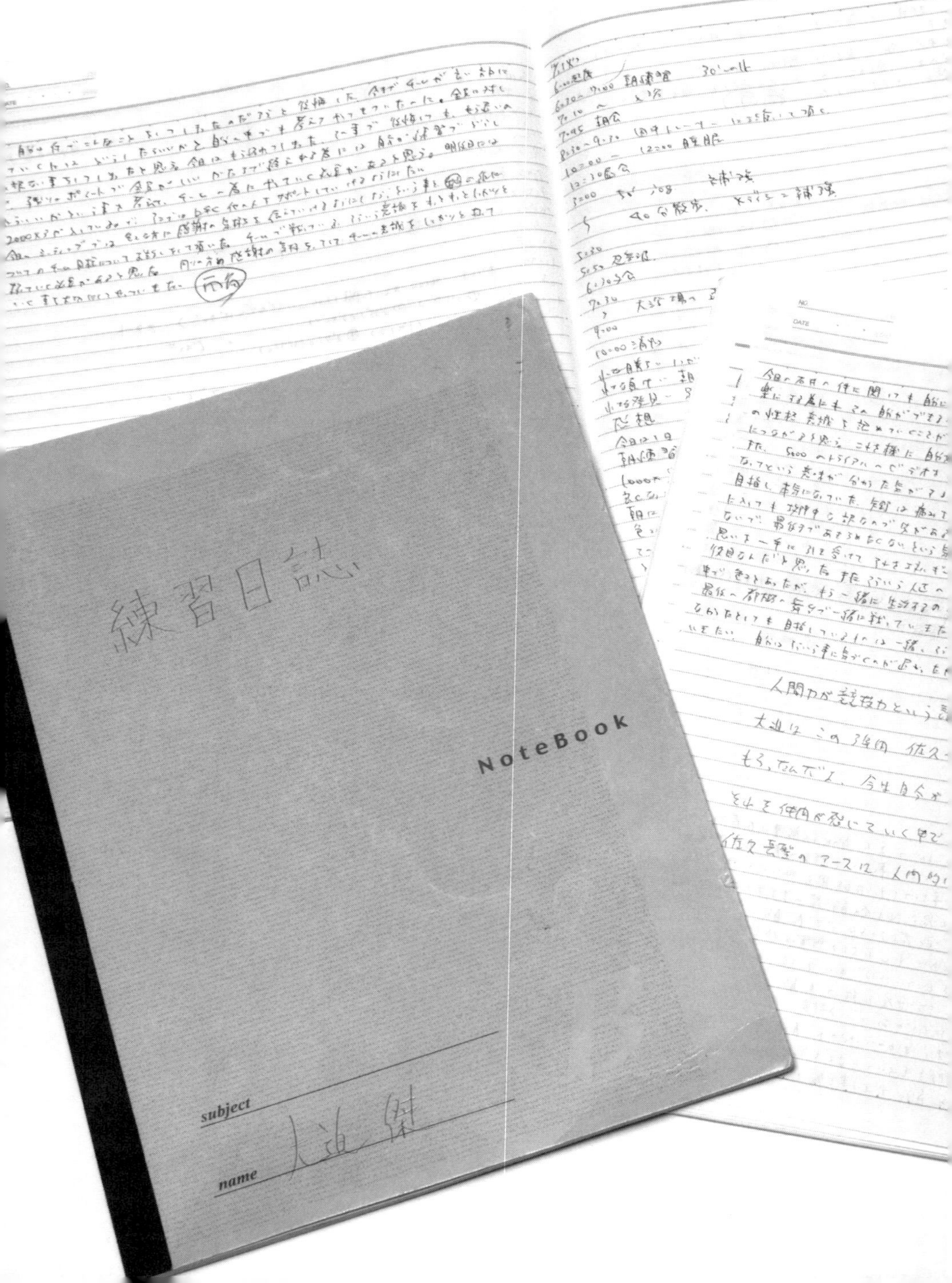

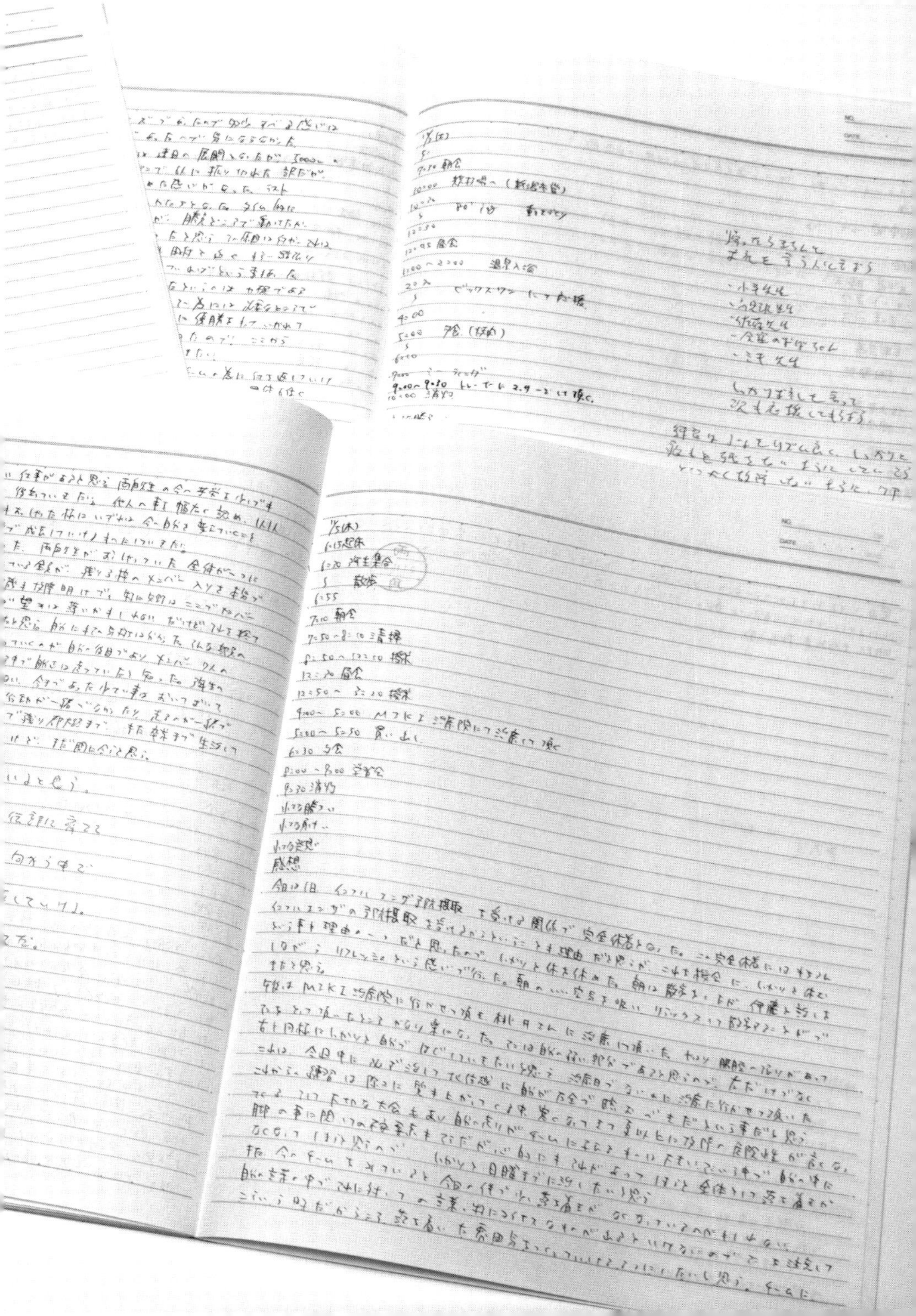

7:30 朝食
1:00～2:00 温泉入浴
5:00 夕食（焼肉）
6:15 起床
散歩
6:55
7:10 朝食
7:50～8:10 清掃
8:50～12:10 授業
12:20 昼食
12:50～3:20 授業
5:00～5:50 買い出し
6:30 夕食
8:00～9:00 学習会
9:30 消灯
感想

佐久長聖高校3年生の時の練習日誌より

7月22日（水）

今日の朝練習は雨となった。雨ということで涼しく、気持ち良く50分を走った。その中で、動きがマンネリ化してしまわないようにラスト20分は軽く別な動きをしてみた。全体的にふくらはぎをいつもより少し使い過ぎている感じがあったので、ふくらはぎで行き過ぎないように注意して大きな大腿部をしっかりと使えるようにしたい。

また、午後は、懇談を小平先生にしていただいた。進路の確認と、今の自分について、結果ばかりに一喜一憂しているのではなく、その他のこともしっかり考えてほしい、それをできるようになることが大人への一歩だと言っていただいた。

確かに今考えると、どうしてそこまで、というくらい思ってしまうことがレース後にもある。その原因は分かっている。練習不足だ。冬の走り込みが足りていない。しかし、そんなことを理由にして負けたのは悔しい。そして、それを認めたくない、という気持ちがあるのだと思う。それを認められるようになって、自分は一歩精神的に成長できるのかもしれない。それを認めて長い目で見ていく器を自分の心につくっていけたらいいと思う。今の自分は弱い。まずはそれを認めていきたい。それゆえにこの夏が大切になってくると思った。夏を経て化けられるように、今から準備したい。とはいえ、自分にはこの3年間目標としてきたIH（編集注：インターハイ）がある。今できることをしっかりやって、チャレンジャーで挑みたい。昨年度全国優勝したチームのエースとして。その期待・責任を背負ってはいるけれど、そのために何が何でもとなると空回りしてしまうので。結果を残さなければ、ではなく、自分がどこまでやれるか挑戦だ、という気持ちで臨んでいきたい。まだ1週間ある。自分の可能性を信じて残りの１週間を過ごしていきたい。もう変な力みは止めた。自然体で、自分の感覚を研ぎ澄ましていきたい。それぐらいの気持ちのほうがいいのかもしれないな。

10月2日（金）

今日は大会初日、国体10000ｍ決勝当日となった。朝練習は、バネを決勝に向けて溜めるという意識で行った。集中力を持って行うことができたと思う。

午前中はホテルで待機となったが、レースでのイメージをしながら音楽を聞いたりして心の準備をした。その中で、レースを意識し過ぎて、緊張でドキドキしてしまわないように気をつけて過ごした。

現地では雨の中でのウォーミングアップとなったが、その中で、しっかりと自分の世界に入り集中して体を温めた。バネはそんなに使い過ぎないようにという意識で朝練習と同じような感覚で走った。

レース自体としては、雨がスタート時は強く、シューズだったので多少すべる感じはあったものの、走っているうちにしっくりくる感じがあったので気にならなかった。

入りの5000ｍから比較的に早めの展開となったが、5000は余裕を持って通過することができた。その後５人に振り切られたわけだが、自分も通過してから徐々に脚に疲労がきはじめた感じがあった。ラスト１kmでバラけ、６人中６位でのゴールとなった。タイム的に今日は28分台ということでまずまずだったが、勝負どころで動けたか、という点でみると、６人中６位だったのでいけなかったと思う。その原因は何か。それは気持ちに自信があるか、ないか、ということだったと思う、ラスト田村と近くもうひと踏ん張りすればいけたかもしれない。またラスト１kmでもっと粘れていればということもあった。しかし、いずれにせよ、レースのそこで力を出せなかったというのは力不足であると思う。もっと勝負どころで勝てる人間にならないといけない。そのためには必要なところで勝ち気になるということだと思った。また今日は２年生に優勝をもっていかれてしまった。このままでは終われない。この国体でいい流れがつかめたので、ここからが本当の自分の姿を全国に見せるときだと思ってやっていきたい。
応援は本当に力になった。仲間に感謝して、これからは自分がチームのために何を返していけるか、特に走りの姿として、都大路１区の戦いに向けて考えていきたい。国体６位くらいでは自分のリベンジは終われない。目指すもの、目指しているものをしっかりと考えて次につなげていきたい。

10月31日（土）

県駅伝前日となった。前日ということで刺激を行ったわけだが、今日の刺激の動きとしては良かったのではないかと思う。下りの２kmで行ったということで力むことなく傾斜に合わせてリズムよく走れた。体はそこまで軽いという感じはなかったが、逆にラスト４kmは、明日に関しては上りなので少し重たいくらいが浮いてしまわなくていいと思うので、ちょうどよい刺激だった。明日は今日刺激を行ったことでまた動きが良くなると思うので自信を持っていきたいと思う。
今日の夜のミーティングの中ではやはり都大路を想定してという話があった。都大路で戦うであろうライバル、自分はそのライバル達にIH、国体でとことん負けているので、そこで勝つためにもきついところでしっかりとそのライバル達の顔を思い浮かべ、特に上り始めたところから我慢して粘っていきたい。
ミーティングをしていて、毎年のことだが、今年もいよいよだなという駅伝シーズンが始まる独特の緊張感があった。IHなどと違って、自分のためだけに走るのではなく、特に１区は部員、先生方の思いに応える責任がある。それらの思いに応える力をこの県駅伝でつけていきたい。また面談でもアドバイスをいただいたように、後半折り返したところからが勝負になってくると思う。そこまでは我慢、特に下りということで行き過ぎてしまわぬように気をつけたい。この我慢ができればタイムもついてくるし、自分も一歩前進できると思う。上野先輩や佐藤先輩、村澤先輩の時よりエースのレベルが低いと言われるのは悔しいので、そんな思いを残りの4kmでぶつけるつもりで走って、今のレベルで甘んじている自分をもっともっと上のレベルへ持っていきたい。チームのことを考え、自分のためでなく、仲間のためにも走る。そういう中で自分のレベルを都大路までに上げていきたい。昨年この場で求められていた今年の自分と、今の自分では差がある。それをこれから縮めていきたい。明日は次の走者、また部員全員を信じて楽しく走りたい。

11月4日（水）

今日は夕食前に両角先生と少し話をさせていただくことができた。自分が以前書いた荷物のこと、そして今の状況とその中で自分がどうあってほしいかということについて話していただいた。荷物のことに関していえば、今考えてみると、小さいことをしてしまったと思う。それについて両角先生が気にしてくださっていたと考えると本当に申し訳なく思う。それも今の自分の器の大きさかなと感じた。また自分のあり方について両角先生の言葉によって深く考えることができた。自分は自分が思っている以上に部員から見られている、それゆえにチームに与える影響は非常に大きいと分かった。ということは、自分が常にピリピリした雰囲気を出していれば、チームもそうなるだろうし、暗いものを出していればそうなるということだと思う。また他者に対しても自分のできることはたくさんあると感じた。故障で苦しんでいる部員、部になじめないでいる部員、周りから少し遠ざけられている部員、色々といると思うが、それをいい意味でまとめていけるのが、自分であり、それが自分のやることの一つだと思う。色々な部員がいる。どの部員も、そいつの良さを認めて部にうまく吸収していってやる。それが大切だと思う。自分はもっともっと自分のできることを知って、チームのために動いていきたいと思った。

両角先生の今の苦労を少しでも楽にするためにも、自分ができることを考えて役立っていきたい。他人のことを幅広く認め、ひとりひとりの性格・意識を認めていくことが、両角先生もおっしゃったように、いずれは今の自分を変えていくことにつながると思う。これを機に、自分をいろいろな意味で成長していけるものにしていきたい。

また、5000のトライアルのビデオを見せていただいた。両角先生がおっしゃっていた全体が一つになって、という意味が分かった気がする。また走っている全員が、残り３枠のメンバー入りを目指し、本気になっていた。矢野は痛みを抑えて、大倉も故障明けで、特に矢野はここでメンバーに入っても故障中なわけなので、先があるかといえば望みは薄いかもしれない。だけどそれを捨てないで、最後まであきらめたくないという気持ちがあったと思う。自分にもその気持ちは分かった。そんな部員の思いを一手に引き受けてそれをエネルギーにして、走っていくのが自分の役目でありメンバー７人の役目なんだと思った。またそういう人達の思いがあるなかで、自分たちは走っていたと知った。３年生のなかでいろいろとあったが、もう一緒に生活するのも少ししかない。今まであった小さいことは置いておいて、最後の都大路の舞台で一緒に戦っていきたい。たとえ、行動が一緒でなかったり、走るのが一緒でなかったとしても、目指しているものは一緒。そういう気持ちで残り都大路まで、また卒業まで生活していきたい。自分はそういうことに気がつくのが遅かったかもしれないけど、まだ間に合うと思った。

11月30日（月）

小さな負け　飛び出した。
小さな発見　チームとしての考え方が大事

今日は午前中に大切なポイントである4km×2本を行った。1本目は、ほとんどの者がまとまって、いい感じで走っていくことができていたが、2本目で、自分が上げたことによってバラバラになってしまい、競い合いのレースになってしまった。走っているときは自分の世界に入ってしまい、なりふり構わず上げてしまったが、2本目が終わって、チームの状況を見た時に、自分は何でこんなことをしてしまったのだろうと後悔した。今までチームが良い方向に向くにはどうしたらいいかと自分の中でも考えてやってきていたのに。全員に対し申し訳ないことをしてしまったと思う。今日は、もう終わってしまった。そのことで後悔してももう遅いので、残りのポイントで全員がいいかたちで終えられるためには、自分が練習でどうしたらいいかということを考えて、チームのためにやっていく必要があると思う。明後日には2000×3が入っているので、そこでは上手く他の人をサポートしていけるようにしたい。

今日のミーティングでは、いろんな方に感謝の気持ちを伝えていけるようにしようということを話していただいた。チームで戦っている。そういう意識をもっともっとしっかりと持っていく必要があると思った。周りの方への感謝の気持ち、そしてチームの意識をしっかりと持っていくことを大切にしてやっていきたい。

DRI-FIT

2021
2/9～3/8
in Iten, Kenya

ケニアでの練習スケジュール

＊フラッグスタッフやポートランドでもベースは変わらず

ポイント練習のない平日

7:20 起床
7:30 朝食&コーヒー
9:00 ケニアの人たちとイージーラン 13〜15mile
11:00 ストレッチやウエイトトレーニング
12:30 昼食
14:00 マッサージ
16:00 ランニング
17:30 〜18:30 サウナ
19:00 夕食
22:00 就寝

火曜・金曜　ワークアウト（ポイント練習）

6:00　起床
6:10　軽食&コーヒー
7:00　宿舎を出発
7:15　ロードコース　もしくは　8:00 トラック到着
ウォーミングアップ
9:00　ワークアウト ウエイトトレーニング
12:30　昼食
14:00　マッサージ
16:00　ランニング
17:30　〜18:30 サウナ
19:00　夕食
22:00　就寝

土曜または日曜　ロングランニング

5:30　起床
5:40　軽食&コーヒー
6:30　ロングランニング
9:30　ウエイトトレーニング
12:30　昼食
14:00　ランニング 20〜30 分
19:00　夕食
22:00　就寝

2月9日（火）

晴

am　モイベンロード

5km - 3km - 2km - 3km - 2km

（15′15″ - x - x - x - x ）

pm　10mile

計　26mile

先日のテンポ走はケニアに来たばかりで少し動きが大きかったが、今日はコンパクトに走れた気がする。

コーチのピートはこの練習を余裕を持ってこなせばいいと言っていたが、ケニアに来て3週間で、他の選手がいるなかで余裕を持って終えるのは不可能。コーチとそのあたりの誤差は感じるが、いつも通り。

2月10日（水）

晴

am　その辺のコース

14mile

pm　7mile

計　21mile

先日久しぶりに40kmをトータルで超えたせいか、今日は身体がだいぶキツかった。でも通常通り走る。

2月11日（木）

晴

am　15mile
pm　7mile
計　22mile

2月12日（金）

晴
am　キプチョゲスタジアム　ウォームアップ　6mile
　　クールダウン　5.5mile
　　4（400m×4）（64″/64″7/63″9/64″2）
　　リカバー　200m　イージージョグ
　　セット　　400m　イージージョグ
pm　7mile
計　18mile

12月までトラックをやっていたせいかまだ400mの方がeasy

2月13日（土）

晴
am　20mile イージージョグ LR（ロングランニング）
pm　ゼーンのキャンプにてパーティ（標高3100m）

午前中はジョグの延長線上のLRを行い、午後はニュージーランド出身で16歳からケニアでトレーニングしているゼーン・ロバートソンのキャンプでパーティをした。
良いか悪いかは置いておいて、ゼーンはクレイジーだった（笑）。
安い酒を飲まされて久しぶりにつぶれた。

2月14日（日）

晴
pm　5mile

　昨日は飲み過ぎる可能性があったので、それまでに距離を稼いでおいた。そのおかげで今日は5mileのみ。
　飲みながらも競技に妥協しない。

2月15日（月）

晴
am　14mile
pm　7mile
計　21mile

　最近話題のオリンピックについて考える。
　IOCはそもそも選手の声を聞く気がないのだから、選手の発信に意味はあるのだろうか。そしてみんなキレイ事を言っている気がする。マラソンに限っていうと、オリンピックがなかったとしても、その後の東京マラソン、ボストン、他のメジャーズでリベンジすればいい。東京オリンピックというストーリーづくりが目立ち過ぎではないだろうか。最高のシナリオの舞台は東京オリンピックだけど、マラソンランナーにとっては沢山オプションがあるように思う。
　その他の地上波で放送されないスポーツは分からないが、現状でみんなの立場から発信しても何も生まれない。

2月16日（火）

晴

am　カプトゥーソ（ロード）

　　アップ　4mile

　　x×1km（3′00″）

　　リカバー　90″

　　クールダウン　3.5mile

pm　7mile

計　24.5mile

もう少し楽に終える予定だったが、思ったよりキツかった。土曜のパーティ？

2月17日（水）

晴

am　14.5mile

pm　7mile

計　21.5mile

2月18日（木）

晴

am　15mile

pm　7mile

計　22mile

2/12 晴
午前：キプチョゲスタジアム w-up 6mile. c-down. 5.5.
4(400×4) (64"-64"7-63"9-64"2)[redacted]
Recov 200m easy
set 400m
total 18mile
午後 X mile

12月までトラックをやっていたせいかまだ400の方がeasy.

2/13 晴
午前 20mile easy LR
午後 Zane camp にて party (標高3100m)

午前中は小野の延長線上のLRを行い、午後はNZ出身で16からケニアでトレーニングしているZaneのcampでpartyをした。
良いか悪いかは置いておいてZaneはクレイジーだった(笑)
安い酒を飲まされて久しぶりにつぶれた。

2/14 晴
午後 5mile

昨日は飲み過ぎそうという可能性があったのでそれまでに距離をかせいでおいた。そのおかげで今日は5mileのみ。
飲みながらも競技に妥協しない.

2/15

Am: 14mile　　pm. 7mile

最近話題のオリンピックについて考える。IOCはそもそも選手の声を聞く気がないのだから選手の発信に意味はあまりないだろうか！ そしてみんな同じ事を言っている気がする。マラソン選手に限っていうとオリンピックがなかったとしても、その後の東京マラソンやその他のレースでリベンジ東京オリンピックというストーリーもつくり出せるのではないだろうか！ 最高のシナリオは東京オリだけれどマラソンランナーにとっては沢山optionがある様に思う
その他の~~[illegible]~~を地上波で放送されないスポーツは分からないが、現状でみんなの立場から発言しても何も生まれない。

2/16(火)晴

Am: カプトゥーリ(ロード) 4mile w-up ●×1k (3'00" [redacted]
90" recov
3.5 c-down

PM 7mile.

もう少し楽に終える予定だったが思ったよりキツかった。土曜のパーティー？

2/17(水)

Am: 14.5　　pm: 7mile

2月19日（金）

晴

am　10×200m　ヒル（34″間走）
　　＋10×200m　トラック（29″～27″8）
　　17mile
pm　7mile
計　24mile

2月20日（土）

晴

am　6時30分スタート
　　LR　22mile（5′54″／mile）
　　クールダウン　1mile
pm　BBQ　レオナルドのゲストハウス
計　23mile

イテンからモイベンに向かっていく下り気味のLRコースを使用した。ケニアに来て初の良いペースのLRだったが、余裕を持って走れた。

弟のミスで撮影ができなかった、素直に非を認めてくれればよかったが……。人には成長できる人間とそうでない（しにくい）人間がいる。前者は常に自分にベクトルが向いている人。後者は自分以外に向いている人。それと前者は、やるべき＆やれる方法を探し、後者はやらない＆できない理由を探す。

2月21日（日）

曇り
am　17mile
pm　7mile
計　24mile

来週はナイロビに行く予定があったり、スピード系の練習を良いかたちで走りたいので、いつもの日曜より長めに走った。久々に午後は一人で音楽を聞いて走った。そんな中、SNSが発達して、多くの選手が自分の言葉で発信するようになったなと思った。しかし、アスリートである以上、行動や結果が伴わない言葉は薄っぺらいなと思った。そんなアスリートが増えている。

あと、みんなが話し始めると僕は逆にだまりたくなる。

発言しなきゃいけない日本の雰囲気に流されている人が多いかも。

2月22日（月）

雨
am　13mile
pm　7mile
計　20mile

2月23日（火）

雨
am　10mile　テンポ走（3′05″ぐらい／km）
pm　7mile　イージージョグ
計　17mile

2月24日（水）

晴

am　13mile

pm　ナイロビへ。シュガーエリート用不動産見学。

日頃のトレーニングの中で大切にしているのは、生活の一部として合宿を行うこと。だからこそ、3〜6カ月という長期間、合宿をする。今回、ナイロビに行ったのもリラックスするという意味もあった。日本食レストランにも行ったし、土曜日にも行く予定で楽しみ。到着後、カロキに案内されてシュガーエリート用の物件を見に行ったが、良い家だった。だがなぜか、ぼったくられている感じがする。

ケニアにいる間に競技外の活動も何かひとつかたちにしたい。

2月25日（木）

晴

am　11mile

pm　日本大使館へご挨拶に伺った。その後はリラックス。

週計　140mile

2月26日（金）

晴

am　12×800m（2′14″〜x′xx″）　計 20mile

pm　5mile

計　25mile

今日は体が重たかった。この1カ月少し、スピード系に関しては調子が良いことが多かったが、ようやくマラソントレーニングをしている重さになってきた。自分が20代前半だった頃に、20代後半の選手が、歳で疲労が抜けなくなってくるということを言っていたが、マラソンで疲労を抜く瞬間が調整までの間にあったっけなと、ふと思った。人は自分が諦めたくなると言い訳をつくりたがる。

夜は遊んだ。楽しい思い出ができた（笑）。

2月27日（土）

晴

am　LR　21mile

最近の悩みは競技外。シュガーエリートであったり、他の人を動かして仕事をすること。競技内で実践している「シンプルに必要なこと」に集中したり、目標から逆算して自分のやるべきこと（仕事）をみつけるのって、自分を俯瞰することを意識すればそんなに難しくはないと思うが、社員である弟は、目的と過程が先に来て動くのではなく、謝りたくない、指示されたくない等々、プライドが先行して動いてしまっている。あまり良い仕事ができているとは言えない。今まではやさしく、言わずに気づく機会をあげたいと思っていたが、少し言っていかないといけないと思った。

競技は自分との対話に集中すればいいから楽しい。

2月28日（日）

晴

am　7mile

pm　7mile

計　14mile

ナイロビからイテンに帰ってきた。おそらくみんなが聞きたがっているであろう日本記録についてだが、自分にとっての影響を考えてみると、①これから日本記録保持者として営業できなくなる②日本記録保持者ではない立場として陸上界のために動ける（報奨金をつくってあげてほしい気持ちから財団を設立？　よりシュガーエリートの活動がしやすくなる？）③印象を残す走りをしたい、というモチベーションになる。

そもそも肩書はあまり好きではない。これは過去に執着していて何かイヤなので、その辺はどうでもいいと思っている。多くの人が過去と想像上の未来に惑わされている。シンプルに物事を見れば、健吾君良かったね、自分も頑張ろう、という気持ちが残るのみ。

ではなぜシンプルに物事を見られなくなってしまうかというと、周りからのノイズのせいだと思う。勝手にドラマをつくり（時にそのドラマは金になる）、選手にそのドラマ＝再現を強要する。そんな周りからのノイズに惑わされ、シンプル、そして単純な本質が見えなくなる人が多いのではないかと思う。

ここケニアでは必要最低限の情報しか入ってこないから、その情報をシンプルに自分の立場に立って咀嚼できる。

時に僕らアスリートは、ファンのマスターベーションに付き合わされる。でもケニアにいると僕らはそのマスターベーションを客観的に眺めることができる。

3月1日（月）

晴
am　13mile
pm　7mile
計　20mile

僕はエゴサーチが好きでツイッター、インスタで自分の名前をよく検索する。

ケニアにいるとヒマなので、昨日日誌に書いた一般の人のマスターベーションを分析することができた。紹介したい。

「タイムを出す選手が沢山いる今、小さい大会でも優勝は必須」

ごていねいにオリンピック代表7番手くらいまでの選手の優勝経験を書いてくれている人がいたが、視点が非常に興味深い。

ここでいう「必須」の理由として（ゴールとして）は、2つある。

(1) オリンピックでメダルをとれるか。

(2) 後世に名を受け継がれる選手になるか。

もしこの2点のために、メジャーズではないシルバーレベルでの優勝経験が必須だとを書いているとしたら、ありがたいことに僕のアラ探しをしているにすぎないと感じる。その理由は、

①アスリートは競技成績＋αで何を、誰の心に残せたかが大切だから。

②シルバー以下のレースはその国の選手のためにつくられることが多い。もしもオリンピックでのメダルをゴールとして語っているのであれば、どんな大会でも優勝経験が必要かというと、彼らが考えているほど重要ではない。

自分を正当化することが得意な僕の考えとしては、6大会で3位に確実に入っている回数は4回、という僕の結果を見て欲しい。75％でしかも半分はメジャーズで3位に入っている。6回のうち見てとれる失敗は1回。他の選手と比べて、あえて何を言わずとも言いたいことは分かると思う。

ありがたいことにみんな「僕にないもの」を評価の対象としてくれている。

DATE／NO. TITLE

2/24(水)

am: 13mile　　pm: Nairobiへ、SE用不動産見学

日頃のトレーニングの中で大切にしているのは、生活の一部として合宿を行うこと。だからこそ3〜6ヵ月という長期間を合宿期間に出来る。今回ナイロビに行ったのもリラックスするという意味もあった。日本食レストランにも今日行ったし、土曜日にも行く予定で楽しみ。到着後カロキに案内されてSE用の物件を見に行ったが良い家だった。だがなぜかぼったくられてる感じがする。ケニアに来ている間に競技外の活動も何か1つやれるようにしたい。

2/25(木)

am: 11mile

日本大使館へご挨拶へ伺った。その後はリラックス。

weekly 140mile

2/26(金)

am: 12×800 (2'14-[redacted]) total 20mile pm: 5mile

今日は体が重たかった。この1ヵ月少し、スピード系に関しては調子が良い事が多かったがようやくマラソントレーニングをしている重さになってきた。ふと、自分が20代前半だった頃に20代後半の選手が疲労が年で抜けなくなってくるという事を言っていたが、マラソンで疲労を抜く期間が調整までの間にあったけると思った。人は自分が諦めたくなると言い訳をつくりたがる。夜は遊んだ。楽しい思い出ができた(笑)

2/27（土）

am: LR 21mile

最近の悩み事は競技外、SEであったり。他の人を動かして仕事をする事。競技内で実践しているシンプルに必要なことに集中する事であったり、目標から逆算して自分のやるべき事（仕事）を見つける事であったり ~~[illegible]~~ こういう事って自分をフカンして物事を意識すればそんなに難しい事ではないと思うが、社員である弟は、目的と過程？が欠けて動くのではなく、動きたくない、指示されたくない等々、プライドが先行して動いてしまっている。あまり良い仕事ができてるとは言えない。今まではやさしく、言わずに気付く機会をあげたいと思っていたが少し言っていかないといけないと思った。競技は自分との対話に集中すればいいから楽しい。

2/28（月）

am: 7mile pm: 7mile

ナイロビからイテンに帰ってきた。おそらくみんなが聞きたがっているであろう日本記録について。どや ~~[illegible]~~ 自分にとって ~~[illegible]~~ の影響を考えてみると、
①これから日本記録保持者として営業できなくなる ②日本記録保持者で[illegible]はない立場として社会[illegible]の為に動ける（報奨金つくってあげてほしい気持ちから財団を設立？よりSEとか動かし易くなる？） ③印象を残す走りをしたいとモチベーションになる。

そもそも肩書きはあまり好きではない[redacted]、これは過去に執着していて何か嫌なので、その辺はどうでも良いと思っている。多くの人が過去の ~~[illegible]~~ と想像上の未来に惑わされている。シンプルに物事を見れば、健吾君良かったね、自分も頑張ろうという気持ちが残るのみ。~~こういうシンプルな気持ちになれるか~~

ではなぜそんな簡単にシンプルに物事を見れなくなってしまうかというと、周りからのノイズだと思う。勝手にドラマを作り（時にそのドラマはお金になる）、逆手にそのドラマの再現を多用する。そんな周りからのノイズに惑わされ、シンプルに ~~[illegible]~~ そして単純な本質が見えなくなる人が多いのではないかと思う。

ここケニアでは必要最低限の情報しか入ってこないから、その情報をシンプルに自分の立場に立って処理できる。

時に僕らアスリートはファンのマスターベーションに付き合わされる。でもケニアにいると僕らはそのマスターベーションを客観的に眺める事ができる。

3月2日（火）

晴
am　3×(600m+400m+300m+200m)
pm　7mile
計　10mile

3月3日（水）

雨
am　13mile

3月4日（木）

雨
am　11mile
週計　122mile

3月5日（金）

晴
am　エルドレット
　　トラック　10×1mile
pm　7mile
計　25mile

初YouTubeを投稿してのファンの反応が興味深い。今までは質の良いファンを対象に情報を発信してきたから感じなかったのかもしれないが、より多くのファンに対して発信したことで、自分の周りにも割と沢山質の悪いファンがいるのだと思った。

でも当たり前のことかもしれないが、注目されているということは、上手く利用できると思った。
あと少し弟が素直になってきた気がして、生活と練習が少しし易くなってきた。自分も人に言えた立場ではないが。ただもっとハードワークできると思う。現役もそう長くないこの瞬間を、彼にも大切にしてもらいたいと思う。

3月6日（土）

雨
am　15mile
pm　7mile
計　22mile

3月7日（日）

雨
am　23mile LR + 1mile　ダウン
pm　3mile
計　27mile

YouTubeを投稿して数日、「もっとストレートに悔しいと口に……」というコメントがあった。おそらくこの人は、コアなファンではないのだろう。反応するに値しないツイートではあったが、あまりにも自慰が過ぎるので、多分こういう人って多いんだろうなと思い引用した。練習の疲れでイライラしていたのは否定できないが(笑)。
このコメントを引用してどういうツイートをしようか考えている中で、こういう人達の心の中を少し考えてみた。
おそらく「自分の中の大迫傑」であったり、他のアスリート像が非常に強いのだろう。その人の「大迫傑」でいうと、ロンドン五輪の選考会で地面を叩いて悔しがる姿や、またアスリートの切磋琢磨する姿をテレビがドラマチックに作り出したものをイメージしているのだと思う。そんな常に劇的な悔しさを状況問わず感じていたら、頭の血管が切れて死んでしまうよ（笑）。

改めて考えてみると、「悔しい」より「残念」と「頑張ろう」だった。

逆に問うと、もしあなたが完璧に満足ではないにしろ既に充実した結果を出していて、次に進んでいる時、遠くのあまり話したことのない人が同じような結果を、自分のコントロールできない関係のない場所で出した時、どう思うだろうか。地面を叩いて悔しいと思うだろうか。

これ以上書くのは疲れたので、これについてはインタビューしてもらおう（笑）。

言いたい本質は、あるファンの感動ポルノの中のアスリートと、リアルは違うということ、僕らはみんなが思うよりずっとポジティブだということ。色んな方に無視した方がいい、考えるだけ時間の無駄というアドバイスをいただいたけど、イラついたコメントを深掘っていくと新しい発見があったりするので、そんなに嫌いではない（ただ単に負けず嫌いなだけかもしれないが）。

3月8日（月）

晴

am　13mile

pm　7mile

計　20mile

DATE／NO.　TITLE

2/29 3/1

am：13mile　　pm：7mile

僕はエゴサーチが好きでツイッター、インスタで自分の名前をよく検索する。
アジアにいるのとヒマなので昨日書いた一般人のマスターベーションを
分析する事ができる。2つ紹介したい。
① タイムをもつ選手が沢山いる今、小さい大会でも優勝は必至。
ご　ていねいに　オリンピック代表ー7番手ぐらいまでの
優勝経験を書いてくれている人がいたが、視点が非常に興味深い。
ここでいう必要な理由として（ゴールとして）2つある。（1）オリンピックでメダルをとれるか。
（2）後生に名を受け継がれる選手になるか。。僕からしたらもしこの2点のために
メジャーズではないシルバーレベルでの優勝経験の必須を書いているとしたら
ありがたい事に僕のアラ探しをしているに過ぎないと感じる。その理由は、
① アスリートは競技成績＋αで何を、誰の心に残せたかが
大切だから

② シルバー以下のレースはその国の選手のためにレースがつくられることが多い
もしもオリンピックでのメダルについて語っているのであれば（どんな大会での）優勝経験の有無は
彼らが考えている程の重要性はない
自分を正当化するのが得意な僕の考えとしては、
6大会で3位に確実に入っている回数は4回、の僕の結果を
見て欲しい。75%でしかも半分はメジャーズで3位に入っている。
6回のうち見てとれる失敗は一回。他の選手とくらべて、敢えて何を
言わずとも言っている事が分かると思う。
ありがたい事にみんな「僕にないもの」と酷評化(?)の対象としてくれては

DATE／NO. TITLE

3/5金 total 25mile
am：10×1mile eldoret track pm：7mile

初Youtubeを投稿してのファンの反応が興味深い。今までは質の良いファンを対象に
に情報を発信してきたから感じなかったかもだがより多くのファンに対して発信した
事で自分の周りにも割と沢山[redacted]質の悪いファンがいるのだなと思った。
でも当たり前の事かもしれないが注目されているという事、上手く利用できると思った。
あと少し弟が素直になってきた気がして少し生活と練習が良くなってきた。
自分も人に言えた立場ではないが。ただもっとハードワークできると思う。
現役もそう長くないこの瞬間を彼にも大切にしてもらいたいと思う。

3/6土 Total 22mile.
am：15mile pm：7mile

3/7(日) total 27mile
am：23mile LR ＋1mile down pm：3mile

Youtubeを投稿して数日、「もっとストレートに悔しいと口に…」というコメントがあった。
おそらくこの人はコアなファンではないのだろう。~~[illegible]~~反応するに値しないツイートで
はあったが、あまりにも自慰が過ぎるので、また多分こういう人多いんだろうなと思い
引用しました。練習の疲れでイライラしていたのは否定できないが(笑)
~~[illegible]~~このコメントを引用してどういうツイートをしようか考えている~~[illegible]~~中で
こういう人達の心の中を少し考えてみた。~~ツイートにあった「あなたの中の大迫傑が~~
~~こんに[illegible]」~~

おそらく自分の中の大迫傑であったり他のアスリート像が非常に強いのだろう。
その人の大迫傑でいうと、ロンドン五輪選考会の地面を叩いて悔しがる姿が
強く、またアスリートの切磋琢磨さテレビが作り出すドラマチック目線でイメージ
しているのだと思う。そんな常に劇的な悔しさを状況問わず感じてたら
頭の血管が切れて死んでしまうよ。(笑)
改めて考えてみると「悔しい」より「残念」と「頑張ろう」だった。
逆に問うともし~~同じ様な成果をあなた~~ あなたが既に完璧に満足ではないに
その当時充実した結果を出していて、次に進んでいる時、遠くのあまり話した事の
ない人が同じ様な結果（僕のコントロールできない、関係のない場所で）を出した時、どう思うだろうか。 地面を叩いて
悔しいと思うだろうか。 これ以上書くのつかれたので
これについてはインタビューしてもらおう(笑)
言いたい本質は、あるろうの感動ポルノの中のアスリートと、リアルは
違うということ、僕らはみんなが思いよりずっとポジティブだよという事。
色んな方に無視した方がいい、考えるだけ時間の無駄というアドバイス
を頂いたけど 行ったコメント
を深掘っていくと新しい発見があったりするので そんなに嫌いで
はない。(ただ単に負けず嫌いなだけかもしれないが)

3/8(月)
am: 13mile　　pm: 7mile

僕がケニアに来た理由。

東京オリンピックの準備のため、2021年１月、僕はケニアにやってきました。いつもは練習のレベルが上がってから高地トレーニングに入ることが多かったのですが、今回はトレーニング初期からケニアに入ることにしました。

ケニアで合宿をするのは今回が２回目。１回目はほぼ１年前。東京オリンピック出場の最後のチャンスだった、東京マラソンの前にやってきました。

それまではアメリカのボルダーで高地トレーニングを行うことが多かったのですが、何度も通ううちに環境にも慣れて、マンネリ化している自分に気がつきました。違う環境に身を置いて、新しい刺激が欲しい。そんな思いでケニアを選びましたが、実際こちらの環境はとても自分に合っていて、東京オリンピックに向けてここで長期合宿をしようと決めました。

ケニアはボルダーよりも標高が高く、世界中からランナーが集まってくるので練習パートナーも多い。そして何より落ち着いて練習ができるのが魅力です。

コロナの感染者数、IOCやJOCの対応、オリンピックは開催されるのか……日本にいても、アメリカにいても、毎日テレビやネットから色々な情報が流れてきて、自分が知りたくないことまで耳に入ってくる。その情報の波に勝てるほど、僕は強くないし、その場にいたら、少なからずのみ込まれてしまって、平穏な気持ちではいられなかったでしょう。

ケニアでは自分から情報を求めにいかないと何も入ってきません。欲しくない情報は見なくていいから、雑念が少なくてすむ。競技を妨げる情報から逃れて、速くなることだけに集中する。ノイズキャンセリングのためというのがケニアを選んだ一番の理由です。

ケニアに来てから１カ月が経って、前回来たときよりもだいぶリラックスをしていると自分でも感じています。日本でも同じような距離やスピードで走っていましたが、あれをしなきゃ、これをしなきゃと余計なことを考えてしまって、どうしても気持ちが散ることが多かった。今は良くも悪くも気持ちに波がないし、なんだかフワフワとした気分でいます。

気持ちに波がなくなったことで、練習にも集中できるようになりました。そもそも陸上が好きで、速くなりたいのだから、100％集中できる環境に身を置くのは当然で、シンプルなことをシンプルにできるようになった。それだけのことなんですよね。

今回の合宿は７カ月を予定しています。コロナ禍で気軽に移動できないこともありますが、こんなに長く高地でトレーニングをしたことはありません。この選択が良いのか、悪いのか。この先どうなるのかも正直分かりません。けれどもこの新たなチャレンジは、東京オリンピックがあっても、なくても、自分の経験値として絶対に残るものだと思っています。自分ではコントロールできない未来の心配をしながら、東京やアメリカで今までと変わらないトレーニングをするよりも、東京オリンピック以外のオプションも見据えて、自分が進歩するために今できることに集中する方が意義があるし、それが自分らしい選択だと思っています。

日本を出るときは、家族や友人との時間、おいしい食事や快適な生活など、いろいろなものを捨ててこなくてはいけませんでした。だけど、いざ捨ててみると、すごく落ち着いた気持ちで走ることができている。僕に唯一特別な能力があるとしたら、「捨てる勇気を持てる」ことじゃないでしょうか。

ケニア合宿の拠点は標高2390ｍにあるイテンという街。標高が高いので年間を通して朝晩は肌寒いくらい涼しいです。日中は天気が良ければ暑いですが、日本やナイロビと違って、優しい暑さです。

１週間のスケジュールは大体決まっています。月・水・木・土はイージーラン。日清食品にいたバルソトン・レオナルドとスバルにいたランガット・クレメントがこちらで小さなチームをつくっているので、宿舎近くのオフロードを一緒に走ったり、日によっては自分だけで走ったりしています。

ケニアにはそのときの体調で、設定タイムを守らずにスピードアップする選手がたくさんいます。そのような状況を求めていたわけではありませんが、どんなときでも自分のペースでちゃんと走りきるというのは、すごくメンタルの面で活きていると思います。

とはいえ、誰かがちょっとペースを上げようとすると、やっぱりイラつくこともあって。意外と走りながら会話をすることも多いので、考え事をしたいとき、自分のリズムで走りたいときは、一人で走るようにしています。

火曜日と金曜日はワークアウトの日。車で15分くらい行ったところにあるロードコースか、車で1時間行ったところにあるトラックで練習をしています。

土曜日か日曜日はロングラン。朝から2時間半〜3時間ぐらい走って終わる日もあれば、午後も軽く走ることもあります。

月に1度は、飛行機で1時間ほどのところにあるナイロビに1週間ぐらい滞在します。標高が1700mとイテンよりも低くなるので、ここでは、1000mを2分30秒ペースで12本行うなど、主にスピード練習をしています。ナイロビには日本食レストランもあるし、滞在中はマイレージを落とすので、半分は息抜きの時間にもなっています。

ハードな練習を続けるにはモチベーションも大切です。練習が終わると大体1時間ほどサウナに入るのですが、この後のビールが僕の最高のご褒美です。最高すぎて、最悪なぐらい(笑)。ただしケニアは標高が高いので、酔いやすいし、リカバリーも遅い。先日、標高3100m地点にあるニュージーランド人のゼーンのキャンプで飲んだときは、すごく酔っ払ってしまって、その後数日間は本調子じゃありませんでした。そんな失敗もしましたが、普段はなるべくダメージが残らないように水もたっぷり摂って、ビール1〜2本に抑えるようにしています。

今回は僕が主宰する「シュガーエリート」のキャンプ地をケニア

につくりたいと思い、練習の合間に物件探しもしています。正直、ケニアじゃないと学べないようなことはないと思いますが、日本を飛び出すことで学べることはすごくあると思っているからです。

僕の場合は、前回ケニアで合宿をしたとき、トレーニングや日常生活でいろいろな人にお世話になって、彼らのおかげで日本記録を更新することができました。ところが彼らはなかなか雇用がないため、生活が安定しない。コロナ期間中、2カ月に1度ほどクレメントの生活費のサポートをしていたのですが、もっと長い目で見て、僕は彼らに何ができるのだろうと考えていました。

結果、こちらにシュガーエリートのキャンプを作れば、日本人選手の強化にもなるし、ケニア人アスリートの雇用や生活保障、社会貢献にもつながると気づきました。

こういうことは日本にいたら知ることができないし、言葉で伝えても、自分が経験しないとなかなか響かないと思っています。トレーニングはもちろん非常に大切なことですが、人としても豊かになれる貴重なきっかけを与えてくれるのがケニアなのです。

もちろん同じ環境にいても、気づく選手、気づかない選手がいると思いますが、若い選手たちにも何かを感じてもらえることができるのではないでしょうか。

ただ物件探しは金額をふっかけられたりして、現地以外の人がキャンプ地をつくる難しさも痛感しました。これは今後、僕がケニアで解決すべき課題になるでしょう。

2021年3月11日

SNSとの付き合い方。

ツイッター、インスタグラム、YouTube、TikTok……今、アスリートがSNSで発信する機会はすごく増えています。東京オリンピックについてきれい事を言ったり、右にならえ的な発言を多く見ますが、IOCは僕らに意見を求める気はありません。だったらアスリートが何を言おうが、今のところ無駄だと思っています。

ケニアから日本を見ていて感じるのは、発信だけしていて、中身が伴っていない選手がすごく多いということ。もちろん発言をすることは悪いことではありませんが、アスリートは行動が第一ではないでしょうか。自分の発言に説得力があるように行動していくことが大事だと思うのです。

もちろんオリンピックが開催されることが僕らにとっては一番いいシナリオです。けれど、東京オリンピックがなくなっても、その日のために僕らが努力し続けたことまでなくなるわけではない。ベストなシナリオじゃなくても、他にも世界的な大会はあるわけで、僕らのドラマは続いていく。「他のアスリートのことを、他の種目のことを考えていない」と言う人もいますが、みんな違うオプションを考えていると思います。

ノイズキャンセリングしたいと思う一方で、僕にはエゴサーチ好きな一面もあります。SNSはノイズだらけ。ケニアに来てから始めたYouTubeだって新しいノイズでしかないわけで、矛盾していますよね。

実際、YouTubeをアップしたときに「ちょっとがっかりしました」というコメントをもらいました。それに対して僕はツイッターで皮肉を込めたコメントを返しました。もちろん僕が知らない僕もいるし、誰かが感じたことを否定するつもりはないけれど、人にはいろいろな面があるのに、なぜ自分のイメージを押し付けてくるのでしょうか。僕は僕であるということは絶対に譲れないと思い、コメントをしました。僕らアスリートは感動ポルノを提供しているわけじゃない。それを知ってもらういい機会だったと僕は思っています。
一方で、SNSでいろいろなプロモーションやマーケティングをしていることもあって、今の時代に生きる以上はSNSを全てシャットアウトして逃れることはできないと思っています。
マラソンで日本記録を出したとしても、野球選手やサッカー選手ほどの知名度は僕らにはありません。記録を出した瞬間はフォーカスされたとしても、陸上界では名前を知られていたとしても、一般の人たちにどこまで知られているでしょうか。どんなにすごい記録を出しても、走ることしかしなければ、僕らの地位は上がらないのではないかと感じています。どんな小さな試合でも、必ず一人は勝者がいます。勝った後にどういう価値を自分につけていくのか。それをどう発信したらいいのか。
どういうアスリートでいたいのかを考え、自分をブランディングする。選手はそれをもっと考えるべきではないでしょうか。
僕らの姿を見て憧れてくれる子供たちがいるかもしれないし、陸上を始めたいと思う子もいるかもしれない。多くの人に知ってもらうということは、アスリートの地位を上げるだけではなく、陸上競技の発展にも関わってくることだと僕は思っています。
勝ち取った勝利をそのままにするのではなく、結果を自己表現の手段として活用する。今の時代、そういうアクションが求められているのではないでしょうか。

2021年3月11日

失敗や負けたレースから学ぶこと。

2018年10月、シカゴマラソンで日本記録を更新しました。そこから3年、いろいろなことがありました。

2019年3月の東京マラソンでは、季節外れの真冬のような寒さのなか身体が動かなくなり、レースを続ける意味がないと思い、29km地点でリタイアをしました。

レース後、SNSには理にかなっているという意見もあれば、マイナスの意見もありました。それと同じように、僕自身の中でも、肯定する自分もいれば、否定する自分もいました。

僕には先頭についていく力がなかったのではないか、やめたことは自分の弱さではないか、シカゴで日本記録を出したことに満足して、東京マラソンに対してモチベーションが足りていなかったのではないか。レースが終わったら友達と遊びに行けると考えた自分に対して、レース以外に意識を向けてしまった罪悪感も感じていて、大会が終わって1〜2カ月間、ずっと自問をしていました。

僕はどちらかというといろいろなことを気にしてしまうタイプです。アメリカへと拠点を移したことで、そういう自分をうまくコントロールできるようになったと思っていました。ところが帰国して、誰が勝つとか散々言われて、雰囲気にのまれてしまい、元の自分に戻ってしまった。

そういう悩みをコーチやサイコロジストと話し合いました。彼らに「ダメージを考えたらやめる選択をしたのはおかしなことではない」「お前はレースを頑張れていた」「スタートラインに立つ前の戦いにも勝っていた」などと言ってもらえたことが、大きな助けとなりました。もちろんすぐに納得はできなかったけれど、ハードな練習に耐えてきたことは自分でも認めざるを得なかった。あのレースをきっかけに自分と向き合えたことは、僕にとって成長になりました。

日本代表選考のMGCは完敗でした。もちろん2位に入って、日本代表になりたかったという悔しい思いはありましたが、終わってほっとした、すっきりとしたというのが正直な思いでした。
あのレースで設楽（悠太）選手が飛び出すのは想定内でした。ペースが速かったので、後半タイムが落ちてくるだろうと予想はしていましたが、思ったよりも差が開いていたので、不安もありました。あのとき、僕がいた2位集団は、みんな僕の出方を窺っていました。他の選手が入れ替わり立ち替わりペースを上げましたが、本来ならば誰かがついていくのが普通です。ところがみんなが僕の反応を窺っていて、集団が動くまでのひと呼吸がすごく長かった。2位の選手を追わないまま、その差が大きく開いてしまったら、2位にも追いつけなくなるのではないか——。
本来であれば集団の後ろでレースを進めるのが僕のスタイルなのに、変に考えすぎてしまった結果、前に出る場面が増えて、脚を使ってしまった。最後は順位のことは考えていなくて、とにかく必死に走っただけでした。
MGCでは前の二人の選手から学ぶことがすごくありましたし、自分のペースを守る重要性も改めて実感しました。あそこまでちゃんと負けないと、どうしても変わらない部分がある。負けたことによって得たものは、ものすごく大きかったと思っています。
2つの失敗を経たからこそ、2020年の東京マラソンでは冷静に自分の走りができたと思っています。2位集団がペースを上げて距離が離れたときも「あ、行かれちゃったな」ぐらいに思えたし、むしろ自分のリズムに戻して走ることを選択できた。その結果、日本記録を更新できたのだと思っています。
ただ、僕の日本記録は長く持たないだろうと予想していました。それでも記録が出るとしたら、東京やベルリンなどの高速レースだと思っていたので、風の強いびわ湖毎日マラソン（2021年）で鈴木健吾くんが出したのには本当に驚きました。
興味深かったのはレース展開です。36kmぐらいまでは1km3分を切るタイムでペースメーカーが引っ張り、36km過ぎの給水あたりで鈴木くんが一気に飛び出した。コロナ禍で外国人招待選手がいなかったびわ湖は、まさに日本人のためのレースだったと思います。世界の主要レースは、２時間１〜２分台の選手ありきでペースメイクをされることがほとんどです。その選手たちに僕らがついていこうとすると、絶対にオーバーペースになる。だけど日本人選手の設定タイムでレースを引っ張り、ギリギリまで粘って、最後に上げていけば、日本人選手もあれだけのタイムで走れる。こういう大会がもっと増えたら、記録ももっと伸びていくんじゃないか。僕はこういう日本人のための大会をもっと行いたいと思っています。

鈴木くんが日本記録を更新したことで、僕も背筋が伸びたような気持ちになりました。その一方で前日本記録保持者になったことで、少し自由になった気もしています。日本記録保持者だと嫌味に思われそうな発言も、前記録保持者という立場なら嫌味なく言いやすいような気がするんです（笑）。

どちらにしても日本人選手にとって、とてもいい流れになっていると思っています。世代交代の波は定期的に訪れるものです。だからこそ、この流れを僕ら世代で終わらせるのではなく、次の世代にもうまく受け継いでいければと思っています。

2021年3月11日

次世代へと受け継いでいくもの。

僕自身、あと何回マラソンを走れるのかと考えると、そんなに数多くはないでしょう。だから僕らの世代で急に世界に追いつくことは、現実的に考えて不可能だと思っています。それよりも５年後、10年後、20年後を見据えて、日本人が世界と互角に戦えるよう、僕らが学んだことを次の世代の選手たちに伝えるシステムをつくるべきだとここ数年ずっと思っていました。

コロナ禍でレースがなくなり、大学生のモチベーションも気にかかっていました。僕も東京オリンピックが延期になって時間ができたことで、何か違うものに挑戦をしたいと思っていました。

2020年の春先からバーチャルレースやチャリティなどいろいろなお話もいただきましたが、何かが違うと感じていました。１〜２カ月、僕なりに考えて、2020年夏、日本人が世界と戦うために、所属を超えて強さを求める選手をサポートする「シュガーエリート」プロジェクトをスタートさせました。

第１弾となったのは、大学生を対象にした１週間の夏合宿です。覚悟のない選手が来ても仕方がないと思っていたので、参加基準を設け、あえて公募にすることでハードルを上げました。

この合宿では僕が何かを教えるというよりも、僕がオリンピックに向けてトレーニングをする姿を見て、何かを感じ取り、吸収してくれたらいいと思っていました。実際、僕が当たり前にやっていることが、選手たちにとってはサプライズだったこともありました。

午前中にワークアウト（ポイント練習）がある日は、僕はパン１枚とコーヒーぐらいしか朝食を摂りません。ところが彼らは普通にがっつり朝ご飯を食べるわけです。そして「お腹いっぱいなのに、本当にこの時間から練習をするのかな」という雰囲気になる。重視をするべきは練習のはずなのに何も考えず、いつも通り朝ごはんを食べてしまう。朝練習があるのは分かっているのだから、自分の頭で考えて柔軟に対応するべきなのです。

ハードな練習が続くと内臓が疲れて、食事が食べられなくなるときがあります。それでも僕は走ります。お腹が空かない状態がずっと続くなんてあり得ないし、3食でなんとかしようとするから無理が出る。食べられるときに食べればいいし、食べられないからといって練習の量や質を落とそうとするべきではありません。

マラソンでは疲れたときこそ走らなきゃいけないと思いますよね。記録が狙えそうだったら状態が悪くても頑張りますよね。練習に向かう姿勢は、レースでの頑張りにつながってくると思っています。

もうひとつ、彼らとの合宿で大切にしたのはミーティングです。どの選手もとても貪欲であるがゆえに、1週間しか合宿期間がないからと、全部頑張ろうと思ってしまう。だけど自分の今の力を正確に把握して、ハードな練習に取り組んでいくことが大切なのです。彼らがそれを自分でちゃんと考えて練習できるように話し合いを重ねただけでなく、それぞれの選手の練習メニューは彼らの大学の監督とも共有しました。選手から見た状態と指導者から見た状態は必ずしも一致するわけではありません。監督の意見と照らし合わせて、無理のないメニューを組むように心がけました。

冬には小学生を対象にしたキッズイベントも開催しました。まだ幼い彼らには、ゲーム的な要素を入れながら陸上の楽しさを知ってもらうとともに、「夢」にもフォーカスしました。

例えば僕には幼いときからオリンピック選手になりたいという大きな夢がありました。でもそこにどうやって到達したらいいか、子供の頃は分かりません。夢に近づくためには、具体的に何をしないといけないのか。細分化して、明確化することは、陸上競技に限らず、全ての夢に対して有効だと思っています。子供たちにはさまざまな選択肢があるからこそ、競技にとどまらず、視野を広げてあげられるプログラムを今後も提供したいと思っています。

大学生を指導するのはシンプルでしたが、自分が学んできたことを子供たちに落とし込む難しさをこのイベントでは学びました。自分が教えたいだけで教えてはいけないし、僕が感覚で分かっていることを整理して言葉にしないと伝わらないというのはすごく勉強になりました。選手の立場になって一緒にトレーニングを考えたり、選手の気持ちを想像することの大切さも実感しました。これらは大学生との合宿のときは思いつきもしなかったことです。

　やっていることは違うけれど、ひとつひとつの経験が僕自身の学びになっています。今は東京オリンピックへの準備に追われていますが、オリンピック後には、シュガーエリートも新たな一歩を踏み出していきたいと考えています。

2021年3月11日

2021
3/9～3/31
in Iten, Kenya

3月9日（火）

雨
am　14mile
pm　7mile
計　21mile

3月10日（水）

雨
am　13mile
pm　7mile
計　20mile

3月11日（木）

晴
am　14mile
pm　7mile
計　21mile

兄の誕生日。ワインを送るって言ったまま、まだ送れていない。救急救命士の資格を持っている兄に、以前、日本で開催した子供向けのランニングイベントに来てもらった時にはすごく助かった。

3月12日（金）

晴
am　ワークアウト（編集注：ポイント練習。以降、詳細は非公開）
pm　7mile

3月13日（土）

晴
am　12mile

練習で距離を重ねて疲れてくると、小さいことにもイライラする。オフシーズン中に聞いたらたわいもない楽しい会話にも、マイナス要素を見つけてしまう。
DaiGoさんのYouTubeを見ていたら、「走りすぎる（編集注：45分以上の有酸素運動をする）とコルチゾールというストレスホルモンが増える」と言っていた。そうするとイライラもするし、コルチゾールは食欲が増える効果があるからランニングでは痩せないらしい。だから、健康的には走りすぎるとよくないのではないかと。たしかに、と思った。よく妻に「なんでそんなにイライラしてるの、生理みたいだね」と言われるし。ホルモンの影響じゃないかと思う。そのなかでもやらなきゃいけないんだ。
しょうもないことでイライラしているなと思いつつ、そういう時はそれに抗わず、しょうがないと諦める。自覚することが大事。

3月14日　（日）

晴
am　LR　23mile

弟がイテンを離れる。3週間滞在し、CMの撮影や雑誌の撮影に協力してくれた。

3月15日（月）

雨

am　13mile
pm　7mile
計　20mile

　弟が帰ってから、一人で考える時間が増えて、ああこれもノイズだったんだと思った。弟に非はないけど、ケニアにいても、弟を介して外部からいろんな要求や、沢山の情報が入ってきた。
　弟も立場が難しいと思う。僕のサポート役をやるようになったばかり。こういうことをやるのは初めてだし。企業とのつなぎ役でもあるけど、企業に対しての壁でもある。ここまでしかできないよと僕が言ったときにいかに企業と調整するかが仕事。あんばいは難しいと思う。それが初めてだからこそ、どちらかというと兄である僕の方に負担がかかる。僕としては企業の方にちゃんと言わなくちゃいけないところもあった。これはアスリートとはまた違う、競技外のところのストレス。

3月16日（火）

雨
am　ワークアウト
pm　7mile

3月17日（水）

雨
am　14mile
pm　7mile
計　21mile

　新しいスポンサーが、YouTubeに載せて発信したいというので、どうせなら自分たちのチャンネルでもと思って始めてみたYouTube。それによって、今まで隠れていたアンチが出現。まあうざい。しょうもないなと思いつつ、ちょっと勝った気になられるとむかつく。少しずつこういうのも実体験として身になっていくんだろう。自分だったら適応できると思う。

オリンピック前にやれることはやっておかないと。選手生命はいつ終わるかわからない。単純に、フォロワー数も今が一番稼げるし。

ツイッター、インスタグラム、YouTube、クラブハウスといろいろやってるけど、インスタが一番フィットする。書きたいときに、ちゃんと考えて書ける。クラブハウスみたいに、パッと話すのは難しい。できる人もいるけど僕はそういうタイプじゃなくて、パズルのように一つ一つ積み上げていくのが好き。クラブハウスは全然やらなくなった。

3月18日（木）

雨
am　10mile
pm　7mile
計　17mile

3月19日（金）

雨
am　ワークアウト　10mile　テンポ走
pm　7mile
計　17mile

オレゴンから、コーチのピートが来た。去年の11月以来の再会。2週間滞在する予定。プロダクトとパッケージングの話をした。プロダクトとは、自分という商品のクオリティをアップすること、パッケージングとは、表面をいかにキレイに見せるか、いかにキレイにするか。チーム全体へピートが送ったメールに書かれていたことに関して、僕の意見を言った。

3月20日（土）

雨
am　12mile
pm　7mile
計　19mile

シュガーエリート用の物件探し。今日はエルドレットの物件。最初はナイロビの近くがいいかと思っていたが。エルドレットには物件はあるが、マラソンのトレーニングの環境に適しているのはイテンのほうかな。イテンのよさは、田舎なところ。ドアを開ければすぐに走り出せる。でもイテンだと土地を買って自分たちで家を建てないとならない。時間がかかるし、エネルギーも必要。どこから手をつければいいのか。なんとかオリンピック前には方向性を決めたい。

3月21日（日）

雨
am　LR　24mile

早稲田大学競走部のチームメイトで、今は東京大学の特任研究員の竹井と、YouTube用に対談した。テーマは竹井の専門分野である低酸素トレーニングについて。僕が低酸素トレーニングを始めたのは４～5年前。今では随分慣れたけど、高地トレーニングで気をつけるべきことを改めて聞けたのは良かった。科学的アプローチと感覚的アプローチ、両方の物差しを持って、間をとるのがいい、という話には納得。でも、とりあえずは頑張ってたくさん走るしかない。

3月22日（月）

晴
am　13mile
pm　7mile
計　20mile

3月23日（火）

晴
am　ワークアウト

朝から体調不良。マラソンのトレーニングをしているとよくあるやつ。免疫力が下がって、のどが痛くなったり、鼻声になったりする。オレゴンにいたら子供から風邪をもらうこともある。ケニアにはダストがあるので、それが原因でのどを痛めることもあるし。合宿中に必ず一回、こういう症状になる。今回もそれだろう。

3月24日（水）

晴
am　14mile
pm　7mile
計　21mile

体調はいまいちだが、練習を再開した。いつも１～２週間、走りながら治していく。週の前半にたくさん走っておくのが好きだから、１日休んでも、週間のマイレージは落とさずにいける。２月にパーティに参加したときも、翌日二日酔いになることを予定して、週の前半にたくさん走っておいた。
でも、ピートがパニックになっている。

3月25日（木）

晴
am　13mile
pm　7mile
計　20mile

新型コロナウイルスの感染がナイロビでも拡大してきて、今月はリフレッシュに行けなさそう。でもイテンに2カ月もいると、ここにずっといるのも苦ではなくなった。体も疲労しているから、むしろ動きたくない。

3月26日（金）

雨
am　ワークアウト
pm　5mile

ナイロビと主要5都市でロックダウン。イテンはピリついた雰囲気はなく、みんな相変わらずマスクもしていない。

オレゴンにいる家族のことを思う。
去年の後半から合宿が多かった。去年の東京マラソンの後、3月末から7月中旬まではずっと一緒にいられた。それから、9月の数週間、シュガーエリートのキャンプがあって、10月にはアリゾナ州のフラッグスタッフに合宿に行った。そこから直接、12月の日本選手権に行って、10000mのレースに出た。その後は日本でオフがあったが、あんまり会えず。9カ月くらいほぼ一緒にいられなかった。自分の時間が取れてくると、家族を思って寂しい気持ちにもなる。

6年前の11月の写真を見つけたせいかもしれない。今日、その写真をインスタにあげた。オレゴンに家族で引っ越した頃に、子供と一緒に遊んでいる写真だ。

「僕を知っている人に多くの説明は必要ないでしょう。僕がどれだけランニングを愛しているか、結果を出したいか、そのために何を犠牲にしてきたか。

東京オリンピック、そのために僕は走り出し、走り続けてきました。

ただ現在、不幸にも開催が危ぶまれています。

僕らは可哀想ですか？　僕はそうは思いません。東京に向けてこの7年間全力で走り続けて来た過去の記憶と成長は消えないからです。

マラソン・スポーツは目標を達成することに大きな喜びと価値があります。そしてそれと同じくらい、それ以上にプロセスに価値があると僕は信じています。

この写真を見て、東京オリンピック開催の有無にかかわらず、自分に恥ずかしくない努力をしよう、僕は僕の決めたゴールに向けて走り抜けようと誓った今日でした」（インスタグラムより）

3月27日（土）

雨

am　ワークアウト　5×200m

ワークアウトを終えて、いつもストップする売店のあたりからホテルまでの100mくらいの距離を歩いていたら、警察数人が僕のところに駆け寄ってきた。えっ、何？ と思っていたら、お前、マスクしていないじゃないか。逮捕だ！と言われた。イテンではそもそもガイドラインがなくて、周りの人が、ランニング中やトレーニング中はマスクをしなくてもいいと言うので、そのまま走っていた。腕を引っ張られて、軍用車のようなトラックに引きずり込まれそうになった。ちょっと待って、宿そこだし、携帯もないし、弁護士にもコーチにも連絡取れない、と5〜10分話した末、なんとかホテルには戻れた。ホテルのスタッフとコーチが一緒になって、選手を逮捕するのか？　彼はただ走っていただけだ、と説明してくれて、ようやく分かってもらった。

ピートがこれで焦ってしまい、ケニアのロックダウンはやばい、もうここを出なくちゃいけない、と言い出した。じゃあ、どうするか考えようということになった。もしかしたら月〜火曜日に、エルドレットからナイロビに行く飛行機が飛ばなくなってしまうかもしれない。それならすぐにPCR検査を受けないといけないとなって、すぐに受けられるところを探して、1時間後ならOKというエルドレットの病院にギリギリで間に合った。病院は、ソーシャルディスタンスも何もなく、会計のところでもみんな押し問答したりしていた。

火曜日からずっと体調が悪いし、もしかしたら感染しているのかもしれない。

3月28日（日）

晴

am　LR　22mile

ナイロビに行ってフライトの準備をしようと、ピートは焦っていた。僕は、そもそもビザの関係で、半年間ケニアにずっといることはできなかったから、一度出国する予定だった。何事もなければ、4月上旬にイタリアでレースに出て1〜2週間滞在するつもりだった。でもいろいろ調べると、イタリアからアメリカに帰るのも規制されるかもしれないということだった。特にビザの人たちは。アメリカにも一度帰るつもりだったし、ここでワンレースのためにイタリアに行くよりも、アメリカに早めに戻って、アメリカのレースに出るほうがスマートじゃないか。イタリアのレースは、フィニッシュするつもりはなく、20〜25kmの予定だったし。トスカーナだったからちょっと行ってみたかったが。

3月29日（月）

ナイロビ　晴

まだ咳も出るし、鼻水も出るので、念のためナイロビの日本人がやっているラボでもう一度、PCR検査を受けた。

3月30日（火）

ナイロビ　晴
am　5時スタート　ワークアウト　x × 3min.　計　50km

エルドレットで受けた検査が、陰性と分かった。ほっとした。ここまで緊張感があったけど、娘たちに会えるかもしれないと思うと嬉しい気持ちもあった。
31日はフライトで走れないことが分かっていたので、朝早くに起きて多めに走っておいた。
ドーハに移動。空港内のホテルで一泊。ジムで13km走った。
今日は10年目の結婚記念日。妻に花を贈った。

3月31日（水）

ドーハ　晴

ポートランドへのフライト

インスタグラムに上げた写真。2015年11月、家族でポートランドに住み始めた頃

2021
4/1～4/19
in Portland,
Oregon

4月1日（木）

ポートランド　雨

32時間かけて、3カ月ぶりに帰宅。子供たちには内緒にしていて驚かせたかったけど、意外と普通だった。

4月2日（金）

晴
am　ワークアウト
pm　7mile

アメリカでは、ワクチン接種が進んでいる。市民権の有無にかかわらず。医療従事者から始まり、みんな受け始めている。オレゴンは4月中旬～末に始まるらしいので、早速予約をした。もしかしたら、早めに受けられる州があったらそこに行って受けるかもしれない。

4月3日（土）

雨
am　12mile

帰ってきてから、睡眠時間が増えている。ハードなトレーニングを高地で続けているとリカバリーが追い付かないので、平地に戻ると疲れがどっと出る。

4月4日（日）

雨

am　LR　25mile

4月5日（月）

雨
am　13mile
pm　7mile
計　20mile

4月6日（火）

晴
am　ワークアウト
pm　7mile

4月7日（水）

雨
am　14mile
pm　7mile
計　21mile

ようやく体調も戻ってきた。今週はちょっと落とす週。距離は落としてスピードを上げてやっている。先週は移動もあってなかなか休めなかったので、回復させつつスピードを戻していくという位置付け。

4月8日（木）

雨
am　10mile

pm　7mile
計　17mile

4月9日（金）

晴
am　ワークアウト
pm　7mile

ここ数日は家族とゆっくりする時間を持てている。
今日は、僕が2012年に初めてオレゴンに来た時からお世話になっている、元ナイキジャパンの方と食事をした。あれから9年も経つのか。この間、いろいろな方の協力があってここまでくることができた。頼れる人がいるというのは重要なことだ。話していると、当時のことがフラッシュバックして、よく死ぬ間際に「走馬灯のように記憶が蘇る」というけど、ソレなのかと思うことがある。

4月10日（土）

晴
am　12mile

4月11日（日）

雨
am　LR　21mile

4月12日（月）

晴

am　13mile
pm　7mile
計　20mile

4月13日（火）

晴
am　ワークアウト
pm　7mile

4月14日（水）

晴
am　10mile
pm　6mile
計　16mile

4月15日（木）

晴
am　10mile
pm　3mile
計　13mile

4月16日（金）

晴
am　ワークアウト
pm　6mile

18日にハーフマラソンに出る予定があるので、近場にジョグしに行ったついでにコースを見てきたのだが、大会なのに、全部ロードではなく、トレイルも交じっていた。これでは気持ちよく走れないなと思ったので、コーチに相談して、ポートランド北部にあるソーヴィーアイランドで一人でタイムトライアルをすることにした。

4月17日（土）

晴
am　10mile

レースに向けて、この1週間、走行距離を70～80％に落としていたので、体が軽い。いい感じだ。ケニアでのトレーニングをオリンピックまでの1クールと考え、その締めくくりとして、試合に出たかった。定期的に試合勘をつかむためでもある。結果、一人で走ることになったが、レースもしくはレース以上の質で走りたい。

4月18日（日）

晴

8時にハーフマラソンタイムトライアルスタート。
ピートに自転車で引っ張ってもらい、ペースは2′55～56で走った。目標は62′だったから、61′19″はまずまず。よかった。レースというよりは、緊張せずに、ホワホワっとした気持ちで走れた。

4月19日（月）

晴
am　8.5mile

4月18日のハーフマラソンタイムトライアル

僕にとってポートランドとは。

2020年の11月に日本に帰国して以来、5カ月ぶりにポートランドに帰ってきました。久々に家族との時間を過ごすなかで「自分にとってのポートランドとは何だろう？」と昔のことを振り返りながら、考えるようになりました。これまで僕はあまり昔のことを振り返るタイプではなかったので、もしかしたら何か心の変化が起きているのかもしれません。

6年前に移住したときは、全く英語が話せませんでした。銀行口座を開くために用意する書類が分からなくて、行くたびに何かが足りず、何度も銀行に通ったこともあります。若葉マークで運転するアメリカの道路はとても怖い経験でした。生活の全てに支障があって、毎日がてんやわんやでした。だから、チームからオレゴンに家を持つように言われたときも「先のことを考えすぎると大変だから、とりあえずやってみよう」とあまり重く捉えていませんでした。今考えるとちょっと感覚が麻痺していましたね。

大学生のときに初めてナイキ・オレゴン・プロジェクトを見学したときは「こんなにフィジカルトレーニングをするんだ」「世界のトップ選手はこんなにハードな練習を繰り返しているのか」と驚くことがたくさんありました。だから加入をするときは、トレーニング方法に疑問を持つのではなく、まずはコーチのピート（・ジュリアン）を信じて取り組んでみようと決意しました。この頃は師弟関係という間柄でしたが、トレーニングについてすごく丁寧に説明をしてくれたし、日本でのコーチと選手の関係とは全く別物でした。

そこから6年、一緒にトレーニングを積んでいくなかで、師弟関係は徐々に変化をしていきました。今は僕もピートもお互いに言いたいことを言い合える対等な立場。ピートはコーチとして物事を判断して僕にアドバイスをくれる。僕はアスリートとしての意見を反映して伝える。僕のフィードバックを尊重してさらにピートが調整してくれる……。人としてもコーチとしてもピートをリスペクトしていますし、今は同じ目標に向かって進む同志のようなベストな関係だと思っています。

2019年10月、オレゴン・プロジェクトが解散したあの日、僕はナイキからの電話でその事実を知りました。

「オレゴン・プロジェクトが公式に解散になりました。ただナイキからのサポートはこれまでと変わらないことを約束するので安心してください」

ピートとの関係もこれまで通り継続されると言われたので、チームが解散することに対する動揺はありませんでした。

オレゴン・プロジェクトが解散になって、ピートは自身のチームを持つことになりましたが、僕はそのチームとは距離を置いています。僕がオレゴン・プロジェクトに在籍したことで強くなったのは事実ですが、オレゴン・プロジェクトだから強くなったのかと考えると、もしかしたら他の環境でも強くなれたかもしれない。

マラソンである程度の結果は残しましたが、チームにおいての僕のプライオリティは低いまま。ボーナスが出ることもなかったし、特別な恩恵を受けたこともありませんでした。オレゴン・プロジェクトでの集団ドーピングの疑惑が取り沙汰されて、僕自身も疑われるなどの問題もありました。だから解散になったとき、僕なりにチームでいることのメリットは何だろうと考えたのです。結局、僕にとってはピートがいる以外は何もないことに気づきました。

「仮に僕が君のチームに入ったところで何を得られるのか」

オレゴン・プロジェクトで感じたことをはっきりと伝えたところ、彼は僕の意見を尊重してくれました。もちろん今でもピートをリスペクトしているし、ピートも僕にリスペクトを払ってくれていると思います。

こんなこともありました。2020年の東京マラソンの前、ピートに「忙しくて合宿に合流できない」と言われたのです。彼は多くの選手を抱えていて、確かに忙しいかもしれない。だけどそれは自分で選択をしたこと。忙しくならないように選手の数を制限することもできたはずで、僕がその影響を受けるのは違う。

僕が出した結論は「来なくていいけれど、東京にも来なくていい。もし合流できないならば、君は僕のゴール地点に立つ資格はない」ということ。結局彼はスケジュールを調整して、合宿に来てくれました。今回も僕はピートに「来なくてもいい」と伝えたのですが、彼はケニアまで来てくれました。

僕は自分が強くなるためには貪欲に求めます。だからこそ嫌なことは嫌だと言うし、時には周りの人と喧嘩もします。敵をつくらずにやんわりと過ごすことは楽かもしれないけれど、それで新しいことに挑戦したり、大きな結果を出せるほど甘い世界ではないと思っているからです。短いスパンで考えたら喧嘩かもしれない。意見をぶつけ合うストレスもあります。だからこそ周りが認めてくれるように、自分がきちんと行動しなくてはという気持ちにもなるし、結果的に自分を成長させてくれると思っています。

ピートは練習に関して、細かく指示を出してくることはほとんどありません。ただピートが「これはどうだろう」と投げかけてくることはあります。それに対して僕が疑問に思ったことを尋ねるとちゃんと説明して不安や疑問を解消してくれる。

指導者というのは前に出るのではなくて、選手に投げかけ、考えさせることが大切なんだと僕はピートから学びました。もちろん、それに反応するかどうかは選手次第。気づかない選手もいるでしょうし、受け流す選手もいるでしょう。だけど僕は答えがちゃんと見つかった方が気持ちがいいし、自分自身の成長につながると思っています。分からないことに対して自分なりの意見を持ってピートと向かい合う。これは常に心がけていることです。僕が我慢できないだけ、という部分もあるのですが（笑）。

今の僕はボールを投げるだけの存在です。だけど、いずれはボールを受ける存在にならなくてはいけない。そのとき選手に全力投球してもらえるような環境をつくりたいと思っています。

ケニア合宿に合流する直前、ピートから指導する選手たち全員にメールが送られてきました。そこには「プロダクトとパッケージング」について書かれていました。
「みんなパッケージング、いわゆる表面をいかにきれいに見せるかに注力しすぎている。アスリートにとって大事なのはプロダクトであり、自分自身のクオリティをアップすること。それなのに多くの選手ができていない。チームも僕もSNSを利用はしているけれど、それに囚われすぎて、口だけ、うわべだけの選手が多い。ケニアで自分を削ってトレーニングを積んでいるやつもいるのだから、君たちもちゃんとやれることをするべきだ」
ケニアにいる僕のことを比較の対象にした内容でした。だから僕を批判しているわけではないのですが、メールを読んで「アスリートなんだからパッケージングは何も考えずに、プロダクトに終始しなさい」と僕自身が言われているような気がして、正直むかついたのです。ピートがケニアに来たら、この件はきちんと話したいと思っていました。
もちろん僕がケニアに来たのはプロダクトの向上をするため。だけどサッカーや野球のようなスポーツとは違って、僕らのような準マイナー競技は意識的にパッケージングも考えていかないと、選手や競技の価値を最大化できない。ピートが言うようにプロダクトとパッケージング、両方のクオリティを上げることの無謀さ、大変さは分かっています。けれども引退後のことも考えたらパッケージングは必要だし、今のうちにできることをやっておきたいのは当たり前。また、僕らがそうやって活動していくことで、未来の選手たちがセカンドキャリアに不安をもたずに活動できるかもしれない。
「そういう気持ちで僕が発信していることを君は分かってるのか？」そう尋ねた僕に、ピートは「そうだね。だけど俺が言いたいのは、他の選手のことだよ」と話してくれました。
以前から彼とはよくモチベーションの大切さについて話をしていました。前のめりになっていたり、行きすぎている選手を引き戻すのはコーチの仕事だと思います。だけど弱気だったり後ろ向きな選手を支えたり、前に押し上げてあげるのはコーチでも難しい。オレゴン・プロジェクトに所属をしていたようなトップランナーでも、もっと追い込むべきポイントで、ありえないペースで走っていたりすることがあるのです。もちろん将来僕だって同じようなことが起こるかもしれないし、疲れているのかもしれないと心配にもなります。その一方で、誰かに支えられてモチベーションを持てる人と、自分自身がモチベーションを持って逆に誰かを引っ張れる人の差は大きいとも感じています。能力が高くても、誰かに引き上げられることを欲しているようでは強くなることはできないでしょう。

オレゴン・プロジェクトの解散に関して、当時は何も思うことはありませんでした。だけど解散して数年が経ち、かつてのチームメイトの中にも目的意識が低い選手が出てきて、あのチームがいかに素晴らしく大切なものだったかを最近になって感じてきました。

トップアスリートがそれぞれに努力して、その姿が刺激となって、誰もが頑張ることが当たり前になる。それがまたみんなのモチベーションになっていく。チームとして、個として勝つことにこだわり、結果を出していく。それこそがオレゴン・プロジェクトのレガシーだと今は実感しています。

2020年4月

低酸素トレーニングについて。

最近、日本でも低酸素ジムが増えてきて、利用されている市民ランナーの方も多いと思います。僕も自宅に低酸素ルームを持っていますし、今までさまざまなところで高地トレーニングもしてきました。ただ、僕は今まで自分の経験を基にメニューを組むことしかしてきませんでした。今後指導をする立場になったときのために、その効果をきちん理解しておく必要があるとずっと思っていました。

早稲田大学陸上部の同期で、短距離ブロックにいた竹井尚也くんは当時からマニアックな選手だったのですが、今は東京大学の特任研究員でランニングについてさまざまな研究を行っています。

そこで今回のケニア合宿中、オンラインで低酸素トレーニングについて教えて欲しいとお願いし、市民ランナーの方の参考になるかもしれないとYouTubeで動画も公開することにしました。

ここでは僕自身の体験や竹井くんから聞いた解説も含めて、低酸素トレーニングについて説明をしたいと思っています。

低酸素トレーニングには大きく分けて2つの方法があります。

ひとつは空気中の酸素の量を減らす「常圧低酸素」と呼ばれる方法で、いわゆる低酸素ルーム。

もうひとつは大気の圧力を変えて酸素密度を減らす「低圧低酸素」。これが高地トレーニングにあたります。

低酸素トレーニングを行うと筋肉の中にある血管の量や、エネルギーを作るための酵素の量が増え、質も良くなります。これが持久系競技のトレーニングに良いとされる理由です。

高地トレーニングの目安は厳密には決まっていませんが、陸上競技では1000mを超えると高所の参考記録になります。ただ、トレーニング効果は標高1500〜2000mでは差が出にくいと言われていて、2000m以上が良いと言われています。低酸素ジムも2000〜3000mの酸素濃度に設定されていると思います。

ちなみに僕が合宿をしたイテンは標高2390m。富士山の五合目よりも少し高いぐらいです。そう考えると日本国内では2000m以上の標高でトレーニングができる場所はなかなかありません。だから多くのアスリートはボルダーやケニアなどで高地トレーニングを行うのです。

標高が2000m上がるとパフォーマンスは10〜15%下がると言われています。いつもと同じ距離や速度で走ろうとすると、オーバーワークになるのです。そこで強度を設定するときに参考にして欲しいものが2つあります。

ひとつは血中酸素濃度（SpO_2）。平地での安静時はほぼ100%。標高2000〜3000mでは立っているだけで5〜10%、トレーニングをするとさらに5〜10%下がります。しっかり効果を得ることができて、長時間運動すると考えると、80〜85%ぐらいの負荷にするといいでしょう。

高地に入った当初はSpO_2がぐっと下がりますが、1週間から10日ぐらいかけて徐々に上がっていきます。ただし、値の推移には個人差があるので、毎朝計測をして数値が上がっていたら、その日のトレーニングは強度を少し上げるなど、臨機応変に調整した方が良いそうです。低酸素ジムの場合も、慣れないうちはあまり負荷を上げないようにしましょう。多くのジムにはパルスオキシメーターが設置されているので、トレーニング途中にもSpO_2の数値を測って、オーバーワークになりすぎていないかチェックしてください。

ただし、SpO_2が低すぎても効果がありません。特に低酸素ジムは滞在時間が短いですから、「少し息苦しいかな」と感じるぐらいの少し高めの強度で練習をした方が、効果が出やすいそうです。

もうひとつ強度の参考になるのが心拍数です。低酸素下では同じ運動をしてもいつもより心拍数が上がります。普段の練習の時の心拍数と同じぐらいか、追い込みたいのであれば普段よりも少し高めになる強度を目指しましょう。最大心拍数の90%ぐらいを目安にするといいでしょう。

ただし、僕が加入した当初からナイキ・オレゴン・プロジェクトでは、高地トレーニング中にSpO_2や心拍数を測ることはありませんでした。それに慣れてしまったので、僕自身も測ることはなくて、自分の疲労の感覚などを参考にしながら、トレーニングをしています。

例えば、今回のイテンでは、最初の頃は30～32kmのロングランをジョグベースで行っていました。合宿期間も長いので無理をせず、3週間ぐらい経ってから強度が強めのロングランをしました。

平地と同じ強度でトレーニングができないので、低酸素トレーニングは筋力や筋量が落ちるとも言われています。

そのため低酸素トレーニングにはいろいろなやり方があります。

僕がやっているのは「リブハイ・トレインハイ」。生活もトレーニングも標高が高いところで行う方法です。

標高が高いところで運動をすると速い動きができなくなるので、トレーニングは標高を低くする「リブハイ・トレインロー」という考え方もあります。どちらも1日10時間以上、低酸素環境にいることで、赤血球値が増え、酸素を運ぶ能力が高まります。

一番新しい考え方が「リブロー・トレインハイ」。低酸素ジムがまさしくこれで、都市部で日常生活を行いながら、トレーニングだけ低酸素で行うという方法です。この方法が一番リスクが低いため、初心者の方や市民ランナーの方におすすめです。また、初めて高地トレーニングに行くときは、事前に低酸素ジムで体を慣らしておくのも効果的です。ただしこの方法の場合、滞在時間が短いため、赤血球が増えるまでには至りません。

僕はケニアだと1カ月に1度、標高1600mのナイロビに1週間滞在してスピードトレーニングを行うようにしています。1000mを2分40秒前後と、800mを12本前後。本数を減らし、走行距離を少なくしてメリハリをつけています。ただ、僕にとっては普通の練習メニューなのですが、竹井くんからは「普通にはできない強度」と驚かれたので、あまり参考にならないかもしれません。

現在滞在しているフラッグスタッフは標高2000～2100m。車で1

時間走ると1400〜1500mの準高地セドナに着きます。そこからさらに１時間ぐらい走るとフェニックスという街があって、標高600〜700mまで下がります。ほぼ平地なので回復もできるし、ケニアではできなかった、リブハイ・トレインローのトレーニングも行うことができます。

さて、利点ばかり書きましたが、低酸素トレーニングにはデメリットもあります。

例えば食欲が落ちたり、食べられずに体重が減る選手がいます。僕は高地に慣れているので３食しっかり食べられていますが、昔はやっぱりだるくて食欲がないことがありました。ちなみに僕のケニアでの食生活は、朝食はパンとバナナとコーヒー、昼食は豆と炭水化物とスープ、夕食は鶏肉やヤギ肉の煮込みなどのタンパク質と炭水化物、フルーツ、たまに野菜というのが定番です。プロテインなどを頻繁に飲むこともなく、あくまでもバランスの良い食事をしっかり摂るというのが僕のスタイルです。

高地では睡眠の質は明らかに悪くなります。食事と睡眠の質が落ちるので、当然リカバリーも遅くなります。またお酒に酔いやすく、抜けにくくなります（笑）。

免疫が落ちているので、だるさや疲労感を感じるのは当たり前。ケニアは土ぼこりがひどいので喉が痛くなるし、鼻声になることも定期的にあります。それでも１〜２週間練習をしていれば、だいたいは良くなるので、慌てることはありません。

ただ、今回は長期合宿の疲れが出たのか、オレゴンの自宅に帰ってからは睡眠時間がすごく増えたし、１〜２週間は疲れが抜け切っていない感覚がありました。そんな状態でも高地トレーニングの締めくくりとして行ったハーフマラソンのタイムトライアルの結果が良かったので、帰国から３週間後にはアリゾナのフラッグスタッフで再び高地合宿に入りました。ところが移動の疲れは思ったよりもたまっていたようで、到着日の夕方に体調を崩しました。高地トレーニングでおなじみの微熱があって体がだるい。体がほてるような体調不良は高地トレーニングにはつきものですが、合宿直前に打ったコロナウイルスのワクチンの影響も考えて、その日の午後は練習をやめました。だるさはあまり変わらなかったので翌日の午前練習は無理をしない程度に。距離は変えませんでしたが、キロ5分ペースにまで設定を落としました。

長く競技を続けていればイレギュラーなことは起こります。だから1週間の練習メニューは大体決めているけれど、僕は後半いつものように走れなかったらどうしようという不安が常にあるんです。走れない日があっても大丈夫なように、週の前半や、自分が気持ちいい時、フレッシュな時にたくさん走って、保険をかけておくのが僕は結構好きです。

高地トレーニングと疲労に関してはスポーツ科学の実験でも報告があると竹井くんに教えてもらいました。高地トレーニングの直後はパフォーマンスが落ちますが、48〜72時間後にはパフォーマンスが高くなっていくそうです。アスリートはそれを経験として分かっているから、大会の1〜2週間前に平地に下りて体を慣らして、試合に出るというスケジュールなのだろうと言っていました。僕も東京オリンピックのギリギリまでフラッグスタッフにいて、日本に帰国するのは10日前ぐらいにしようと考えています。

これらのリスクがないのは低酸素ジムの魅力です。具合が悪くなったら常圧に戻ればいいし手軽です。ただし、どんなトレーニングにも言えることですが、週1回では効果が出ません。

低酸素トレーニングはあまり間隔を空けずに、繰り返しトレーニングすることで、毛細血管が作られます。一般的には最低でも6回と言われていますが、竹井くんの見解だと効果が出ない人もいる微妙なラインだそう。少なくとも週2回×4週間、できれば週3回×3週間は行うと効果がきちんと感じられるようです。高地トレーニングの場合は最低でも2週間。1カ月以上継続すると効果が大きいと言われています。

どれぐらいで体が慣れるか、強度はどれぐらいがいいのか。低酸素トレーニングは個人差が大きいため、最近はアスリートそれぞれに合わせたオーダーメイド方式が必要だと言われています。

これは低酸素トレーニングに限った話ではありませんが、アスリートはどうしても感覚を優先しがちです。ただ、感覚と客観的データが合っているときもありますが、ずれていることも多い。調子がいいときは感覚だけでも行けるけれど、悪くなったときにどこが変わったのか、客観的データがあった方が分析をしやすい。感覚と科学的数値、２つの物差しを持つことが大切だと思っています。

2021年５月

2021

4/20～5/18
in Flagstaff, Arizona

4月20日（火）

晴
am　ワークアウト
pm　10mile
計　23mile

今日からまた高地トレーニングのため、アリゾナ州のフラッグスタッフに来た。長女に、一緒に行く？と聞いたら、行くと言うので、連れてきた。父親の合宿についてくるなんて初めてだし、なかなかない経験だと思う。

到着後、広告の撮影があった。

4月21日（水）

晴
am　14mile
pm　7mile
計　21mile

新型コロナウイルスのワクチン接種をした。

ハーフマラソン、移動、高地に来たことなども重なって、体調が悪い。

年明けからオリンピックに向けての目標だった、ノイズキャンセリングがなかなかうまくできない。多少少なくなったノイズとともにやっていかないといけないのか。ノイズに慣れる……、ノイズからの分裂？

4月22日（木）

晴
am　15mile
pm　7mile
計　22mile

フラッグスタッフから1時間半ほどの距離にあるグランドキャニオンに娘を連れて行った。

4月23日（金）

晴
am　ワークアウト
pm　7mile

今日は1時間くらい離れたセドナに娘を連れて行った。

昨日、今日と車を運転しながら考えたことがある。

昨年11月、日本選手権に出場するために日本に帰国するとき、これでしばらく家には帰れないんだろうなと思った。日本からケニアに行ってオリンピック直前までは帰る予定はなかったから。それが、イレギュラーなことが起きて、ポートランドに戻ってくることになった。帰ってきて改めて思うのは、僕はこのポートランドという地で、オレゴンプロジェクトから何を学んだのか、ということ。今のピートのチームにやる気のない選手がいてあまりいい空気じゃないということもあって考えた。

レガシーって何だろう。オレゴン・プロジェクトからもらったレガシーって何だろう。僕はそれを引き継いでいかなくちゃいけない。

そのレガシーは、そんなに難しいことじゃない。単純に、プロとしてどうあるべきか……ということ。練習をしているとハードな瞬間やきつい環境もある。そういうときなりの100％を尽くすことが大事。誰しもが分かっていることだけど、実際、徹底できるかというと難しい。ゲーレン（編集注：ゲーレン・ラップ。かつてのオレゴン・プロジェクトの一員。リオオリンピック男子マラソン銅メダリスト）とかを見ていて、ここまでそれを徹底しているチームはないなと思っていた。

これって、当たり前のことだけどすごく大きなレガシーだと思った。これが僕がオレゴン・プロジェクトからもらったこと。見てきた僕がそれをちゃんと伝えていかないといけない。

言葉で言っても分からないし、間接的に言っても分からない。直接会って、目と目を合わせて伝えないと伝わらないことだ。今後、シュガーエリートや、一緒に練習する機会のある選手には、直接伝えていきたいけど、現役中の今は、競技を通して感じ取ってもらいたい。自分はそれに恥ずかしくない取り組みをしていきたい。

この前、子供の写真をインスタグラムにあげたときと同じような感覚だ。感傷的というか。なかなか普段はそういう思いにはならないけど、節目に感じることがある。セドナがパワースポットだったせいもある？

4月24日（土）

晴

am　12mile

娘がポートランドに戻るので、空港のあるフェニックスまで車で往復した。帰りは一人で初めて飛行機に乗るので心配だったが、無事帰れたようで安心した。

4月25日（日）

雨
am　LR　25mile

5月下旬にはケニアに戻りたいと思っていたが、アメリカにはアメリカの良さがあると思った。僕の競技人生においては原点と思えるところだし。ケニアもいいけど、このところずっと悩んでいる。コロナの状況も不透明だし。最後、自分の陸上の転機となった地で、オリンピックまでしっかり練習を積みたいという気持ちになってきた。コーチもいるし。

4月26日（月）

晴
am　13mile
pm　7mile
計　20mile

4月27日（火）

晴
am　ワークアウト
pm　7mile

GMOの吉田祐也くんがフラッグスタッフに来た。しばらく一緒に練習する。

4月28日（水）

晴
am　14mile

ずっと体調が優れない。午前中走ったら、体がほてってきたので、午後は休むことにした。他の仕事もキャンセルさせてもらった。

4月29日（木）

晴
am　10mile

体調は悪いままだが、午前中だけ走った。キロ5′のペースでゆっくりと。

4月30日（金）

晴
am　ワークアウト
pm　7mile

5月1日（土）

雨
am　12mile
pm　7mile
計　19mile

フラッグスタッフではAirbnbを5月中旬まで借りている。このあたりに合宿所になる家を探していて、今日、物件を見に行った。タウンハウスといって、長屋のように家がつながっているタイプ。ほぼ決まり。このままいけば、6月上旬には入居できる。

ケニアでも探しているが、いろいろと時間がかかりそうなので、まずはアメリカで買うことにした。

コロラド州のボルダーやユタ州のパークシティ、ここフラッグスタッフにケニアと、高地トレーニングを経験して思うのは、入門編としては、フラッグスタッフは非常にいい。標高2000〜2100mあって、セドナに下りれば1400〜1500m、フェニックスに下りれば600〜700mなので回復もできる。リブハイ・トレインローの環境にもってこいだ。

2400mのケニアは初めて高地トレーニングするにはハードルが高い。実際、ケニアでトレーニングした日本人選手で成功した人はいない。みんな高地トレーニングの土台ができていないままケニアに行って、失敗してしまうんだと思う。

フラッグスタッフはナショナルパークに囲まれているし、とてもいいところだ。自分のためにはもちろん、他の人にも使ってもらいたい。3年くらい前からこのあたりに家を買うことを検討していたが、当時と比べると5%くらいは地価が上がっていた。今後さらに人気が出そうだ。

5月2日（日）

晴

am　LR　24mile

コロナになって、リモートでいろいろできるようになったおかげで、ミーティングも増えた。

その中でだんだん、優先するべきものが絞られてきた。僕の中で一番やらなくちゃいけないことは、競技をいかに気持ちよくするか。

他の時間はそのための準備に充てたい。また、スポンサー活動もしなくちゃいけない。今、手にいろいろ持ちすぎている。そもそも自分がスケジュールを埋めたい方だからかもしれないが。人に会って何かインプットしたい、時間がもったいないと思ってしまう。

　こんな時代だからこそ、どこかで他者とのスイッチをオフにし、自分のスイッチをオンにしないといけない。

　６月になったらすっきり整理したい。

5月3日（月）

晴

am　13mile

pm　7mile

計　20mile

5月4日（火）

曇りのち雨

am　ワークアウト

pm　7mile

5月5日（水）

曇りのち雨

am　14mile

pm　7mile

計　21mile

　昨日、日本では札幌でマラソンのオリンピックテスト大会が開かれた。メディアの取り上げ方かもしれないが、マイナスな部分が多かった様子。でも、これまでマラソンやトラックの大会で、実際どれだけ感染者が出たのだろうか。選手も関係者もみんな検査を受けて陰性だったから参加している。三密でもないし、応援も控えてもらっていればそれほどリスクはないのに、どうしてここまでネガティブな意見が出てくるのだろうと考えさせられた。

5月6日（木）

雨のち曇り
am　14mile
pm　7mile
計　21mile

5月7日（金）

晴
am　ワークアウト
pm　7mile

5月8日（土）

晴
am　12mile
pm　7mile
計　19mile

5月9日（日）

晴
am　LR　25mile（3′35″ぐらい／km）

片道12マイルのコースを往復した。イギリス人のモー（編集注：モハメド・ファラー。かつてのオレゴン・プロジェクトの一員。リオオリンピック5000、10000mの金メダリスト）やアメリカ人のオリンピック代表選手と一緒に。

午後は寝ていた。

5月10日（月）

晴

am　13mile

pm　7mile

計　20mile

長女も一緒にトレーニング。フラッグスタッフにて

娘から学んだこと。

フラッグスタッフへの合宿に初めて娘を連れて行きました。

もともと一度は合宿に連れて行きたいと思っていました。僕の第一希望は日常とは違う環境を味わえるケニア。フラッグスタッフは何もないし、カルチャーショックを感じてもらうにはケニアが一番だと思うのです。ただ、さすがに年齢的に早いということで、今回はフラッグスタッフになりました。

娘と二人で旅行をするのは初めて。家にいるとママも妹もいるから二人で話す機会や買い物に行く機会も少ないし、この合宿で彼女との距離が縮まったように感じられて、とても嬉しかったです。

この合宿で彼女が何かを感じてくれていたら嬉しいですが、僕も彼女と過ごした時間の中で多くの学びがありました。

あるときはピートが家に来て、シュガーエリートの話や、ピートのチームの話、それにまつわるお金の話までいろいろなことを話し合いました。娘も成長してくるとませてきて、そういう会話を聞きたがる。僕はその雰囲気がすごくいいなと思いました。日本だと「子供の前でお金の話をするべきじゃない」という雰囲気があったり、「子供は向こうに行っていなさい」と言ったりするじゃないですか。

でもお金の話というのは大切で、子供の前で避ける理由はないと思うんです。むしろ自分たちの生活のどんなところにお金がかかっているのか、父親がどんなふうに苦労しているのか。そうやってお金の価値を知るということは、彼女たちの将来を考えたら必要なことではないかと思ったのです。

フラッグスタッフへは一緒に行きましたが、帰りは娘一人で飛行機に乗ってポートランドに帰ることになっていました。空港に出発する前からすごく緊張していたようで、搭乗前には涙ぐんでいたほどでした。僕はてっきり飛行機が落ちる不安だと思って「大丈夫だよ。今まで飛行機落ちたことないでしょ？」と慰めたんですけど、

「違う！　一人になるのが不安なの！」と彼女に怒られました。若干の思い違いはありましたが（笑）、彼女が頑張る姿を見て自分が何かを初めて達成したときのことを思い出しました。

誰だって何かにチャレンジするときはめちゃめちゃ怖いし、涙も出そうになる。それでも自分をマックスに奮い立たせて挑戦する。そこに体験の大きさは関係なくて、勇気を振り絞って立ち向かうこと、挑戦することの大事さ、素晴らしさに改めて気づかされました。

またいつか、娘と合宿に行けたらいいなと思っています。

2021年5月10日

5月11日（火）

晴
am　ワークアウト　10mile　テンポ走

　フラッグスタッフでの高地合宿も、残り１週間。
　フラッグスタッフに来てから距離が延びている。その前の３週間近く、オレゴンの平地でスピードを磨いたので、距離をケニアで走っていた頃にしっかりと戻し、マラソン練習をしている。ワークアウトの強度も高めている。標高に慣れ、疲れが抜けてくるのとともに、質を高めるようにしてきた。
　今日はピートが来て、マラソンタイプのワークアウトをした。非常によく走れた。練習は設定通りだったが、体もきついし、メンタル的にも疲れているなかですごく集中して走れたのはよかった。
　高校生や大学生なら、一から十まで練習に集中できる環境かもしれないが、プロになると、そして大人の世界に入ると、競技以外のところでのストレスが少なからずあるものだ。個人でやっている僕は、多いほうかもしれない。自分の練習を阻害する要素があって、ギリギリまで何かにイライラしていたり、何か違うことをしていたとしても、ワークアウトに入った瞬間、これが自分の本当の仕事なんだ、これに100％懸けられないようなら、シュガーエリートやほかの事業をやる意味なんてないんだと思うようにしている。今日はその切り替えがうまくできた。
　ピート、50歳のお誕生日おめでとう！

5月12日（水）

晴
am　14mile
pm　7mile

計　　21mile

ケニアに戻ることを検討していたが、アメリカにとどまることに決めた。大きな理由のひとつが、フラッグスタッフに家を買ったこと。その家の引き渡しが、６月８日に決まったので、ケニアには帰れない。それと、自分自身が、フラッグスタッフでもちゃんと集中して練習できることが分かったことも大きい。ケニアに行くのは大きな犠牲を伴う。そのうえで自分自身を奮い立たせ、練習に集中することで、自信につながった。アメリカは、僕が陸上競技に本気になった「始まり」の場所。別の想いがあり、別のモチベーションになる。この７年間、ここで頑張ってきたのだから、最後までここでやり切ろうという質の違うモチベーション。どちらもハードトレーニングを続けるうえでは、同じくらい自分を支えてくれるものだと気づけた。

気持ちの問題だ。どこに行くかではなくて、自分自身が何をするか、どういう練習ができるか。その点で、ケニアで練習することとフラッグスタッフで練習することはイコールだった。

5月13日（木）

晴

am　15mile

pm　7mile

計　22mile

5月14日（金）

晴

am　ワークアウト

pm　5mile

計　20mile

テレビ番組の密着取材を受けていて、他の出演者の映像を参考に見ていたら、漫画家の井上雄彦さんが、「手に負えないことをやる」と言っていた。確かに、振り返ると自分もそういうふうにやってきたなと思った。オリンピックの年だが、僕は去年から今年にかけて競技以外の新しいことにいくつかチャレンジしている。シュガーエリート、そのための家探し、オリンピックの後に始めたいと思っている地方巡業、本づくり、テレビの密着、YouTube……。

レース前のストレスや不安の種類は、どのレースも一緒だが、新しいことを始めるにあたって感じるストレスは、一回一回違った。それは、その都度学ぶしかないなと思った。自分が集中しなくちゃいけないことがあるなかでも、新しいことに挑戦している証拠だから。

僕はもっと先のことを考えている。大変になっちゃうのは分かっていたが、逆にそれをしないことが自分の未来をリスキーにすると考えた。この1年間死ぬ気になって、必死に走って、分からないことだらけだけどいろんなことにチャレンジしようと思った。

5月15日（土）

晴

am　23mile　LR　イージージョグ

高地合宿も終盤を迎え、一緒に練習している吉田君は疲れが出てきている様子。彼は本格的な高地トレーニングは初めてなので、しかたがない。誰もが通る道。そこをアジャストして僕がメニューを組んであげている。

しかしその様子を見て、改めて、僕は結構練習ができる方なんだと思った。

5月16日（日）

晴
am　7mile
pm　7mile
計　14mile

ツイッターで、日本各地を回って子供に走る楽しさを伝えたいという、今進行中のプロジェクトの内容の一端をつぶやいた。

シュガーエリートの活動の一環として、オリンピックが終わったら、日本全国でランニングスクールを開きたいと思っている。そこで伝えたいのは、まず、アスリートは、素晴らしいということ。マラソンランナー、陸上選手、アスリートはこんなことを知っているんだよ、こんなスキルがあるんだよということも伝えたい。世界中を旅して、ひとつのことに向かって順序立てて練習をしてきた。これが世の中に活きないはずがない、と思っている。小中学生に教えてあげたら、彼らの意識は変わるだろう。僕の知っていることを教えたい、その気持ちが強い。

なぜ全国を回るのか？　今までは都内メインでスクール活動をしてきたが、地方の子供たちがそれを受けられないというのは不公平だと思ったから。僕らが出向いて、小中学生に意味のあるスキルを教えたい。

5月17日（月）

雨
am　14mile
pm　7mile
計　21mile

僕は今、いろんなものを抱えている。これがもし、自分の競技のことしか考えていなかったとしたら、ヤバかった。他の選手を見ていて、そうはなりたくないと思うことがある。アメリカに行ったのも、そうはなりたくなかったからだし、引退したときに、埋もれてしまうのも怖い。引退して、太田雄貴さんみたいに競技団体のトップに立てるか？というと僕にはできない。じゃあ今僕には何ができるのか、と考えたときに思いついたのが地方巡業だった。

競技のことだけを考える、それをして速くなるんだったら僕もそうするが、どうなんだろう。

世間の人たちは、365日24時間、ひたすら競技のことを考えていればいいんじゃないのと思うかもしれない。もちろん僕にもそういう時間があったからこそ、そうじゃなくても練習に集中できることを学んだ。いろんな雑念があるなかで、自分の芯に戻れるという強さがあったほうが競技でも伸びるかなと思う。

そして、そのほうが競技者としても人としても深みが増す気がする。逆に言うと、追い込まれているというのもある。不安症というか。これをしたら誰かに勝てるんじゃないか、これをしなかったらどうなっちゃうんだろうという不安が強いから、何か動かざるをえない。よくしたい、という思いが第一にある。それは誰もが思うこと。そのとき背中を押すひとつが、不安な心。何かを成し遂げないまま現役を終えたらどうしよう、という不安がある。

アスリートの地位向上も地方巡業をする理由のひとつ。一般の人は「アスリートってすごいね」って思っているかもしれないが、実際街に出て、会う人からどれだけリスペクトをされているかというと、そうでもないと思う。そういう状況も変えたい。

5月18日（火）

晴

am　標高1000mのところに下りて

　　　　ワークアウト　テンポ走とインターバルのミックス練習
pm　飲酒

4週間にわたったフラッグスタッフでの合宿最終日。ピートも来てくれた。結構走ったが、非常によくできた。設定もよかった。

トレーニングに関しては大崩れしていないので、ピートも僕も安心している。だからこそ、競技以外の話になる。今日は、ピートのチームとシュガーエリートの今後の連携について。お互い、競合しないところで協力しあっていこうとなった。

フラッグスタッフでの週計。
4/20 〜 4/26　130mile
4/27 〜 5/ 3　125mile
5/ 4 〜 5/10　145mile
5/11 〜 5/17　140mile

午後は、ポートランドに戻って、日本から来てる高木聖也と飲んだ。

2021
5/19〜6/8
in Portland
and Flagstaff

5月19日（水）

雨
am　13mile

ポートランドで、2回目のワクチン接種をした。

5月20日（木）

雨
am　13mile

ワクチンを打ったせいか、熱感があった。解熱剤のタイレノールを飲んだけど、37.5度くらい。午前中だけ走った。

5月21日（金）

曇り
am　ワークアウト
pm　7mile

だるさはまだあるが走った。

5月22日（土）

晴
am　LR　23mile

5月23日（日）

晴
am　7mile
pm　7mile
計　14mile

30歳になった。特にこれといって意識しないが、子供たちが妻と一緒に楽しそうにケーキを作ってくれたりして嬉しかった。誕生日は酒を飲む口実になった。ケーキにワイン。

アメリカに来てすごく長い年月が経ったなと思った。ここ数年はあっという間だった。

5月24日（月）

晴
am　14mile
pm　7mile
計　21mile

5月25日（火）

晴
am　ワークアウト
pm　7mile

週末に10kmのレースに出るので、今週は少し距離を落として、スピードは戻す。

5月26日（水）

晴
am　14mile
pm　7mile
計　21mile

先日、テレビ番組の密着も終わったが、自分の考えを言葉にするのは勉強になった。シュガーエリートの巡業に関するミーティングも重ねるなかで、自分がどこでどういう言葉を使ったらいいかなどを考え、言葉を磨く時間にもなった。

5月27日（木）

雨
am　14mile
pm　7mile
計　21mile

明日、ポートランドのグリスウォルドスタジアムで開かれる、10kmのレースに参加する。28′5″を切りたい人が出る大会なので、それくらいのタイムになるだろう。久々のトラックなので、不安もあるが、悪かったら悪かったなりに最後までしっかり頑張って走り切りたい。

5月28日（金）

曇り
　　グリスウォルドスタジアム
pm　8時10分　10kmレース×2　(27′56″44、29′04″28)

ポートランド・トラックフェスティバルに、練習の一環で出場した。

2019年、MGCの２カ月前にホクレン・ディスタンスチャレンジに10kmで出たのと似たようなイメージだ。

結果、10kmのレースを２本走ることになったが、当初は、１本のみで、帰ってから自宅のトレッドミルでテンポ走をやるつもりだった。でも、ピートと相談して、車に乗って移動すると疲れてしまうから、ちょっと早いが、10分のインターバルで２本目も走ることにした。いずれにしても10kmだけでは、マラソントレーニングとしては距離が足りなかった。

１本目は、レースの中で落ち着いて、頑張り切ろうと思っていた。

中盤から終盤にかけても結構余裕があったので、状態として良いのが分かった。トレーニング中の割にはしっかり走れたと思う。

28′30″でも27′台でもしっかり粘り切れればいいなと思っていた。結果的にペースも安定していて、ぼちぼちのタイムで走れた。

吉田もベストを更新して３位に入った。練習と考えると、吉田の場合、28′30″でいければ十分かなと思っていたから、28′を切れたのはよかった。吉田は、高地から帰ってきた後の回復が早い。調整能力も優れているのかもしれない。

２本目は、スパイクのドラゴンフライからヴェイパーフライに履き替えた。スパイクで20km走ると怪我しそうだったのと、しっかりヴェイパーを使って、集団の中でいかにリラックスし、余裕を持って進めていけるかを確かめたかった。落ち着いて次の10kmを走ろうと心がけた。スタート前から体がめちゃめちゃ軽いわけではなかったので、いいシミュレーションになった。マラソンでいうと10kmから30 kmくらいのレースの感覚で走れたんじゃないか。

普段一緒にトレーニングしている仲間が、他の組でトップを取っているのを見て、僕も頑張ろうと思った。

5月29日（土）

晴

am　7mile

5月30日（日）

晴

am　LR　23mile

pm　ウエイトトレーニング

今日のウエイトはしっかりめにやった。

5月31日（月）

晴

am　14mile

pm　7mile

計　21mile

レースの筋肉痛がまだとれない。

6月1日（火）

晴

am　ワークアウト　イージー

明日からまたフラッグスタッフに行く。オリンピック前最後の高地トレーニング。オリンピックのレース２〜３週間前までフラッグスタッフで調整する予定。

6月2日（水）

晴

am　4時　起床
4時20分　5mile（40分間）
5時30分　自宅出発、ポートランド空港へ
7時　フェニックスへのフライト
11時　フェニックス空港でレンタカーピックアップ
pm　1時30分　フラッグスタッフ着
1時35分　5mile（40分間）
2時15分　シャワー
3時〜4時　マッサージ
4時30分　合宿所に戻りすぐに10mile
6時〜8時　ミーティング
計　20mile

6月3日（木）

晴

am　15mile
pm　7mile
計　22mile

6月4日（金）

晴

am　ワークアウト

車を買いに、フェニックスまで往復4時間かけて行ってきた。フラッグスタッフでは車は絶対に必要。シュガーエリートだけでなく、

日本人選手が来たときのために今のうちに揃えられるものは揃えておきたい。車は2016年式の中古のSUV。
キーは1個しかないけど、その方が管理しやすい。

6月5日（土）

晴
am　7mile
pm　7mile
計　14 mile

この2日間、日本の小、中学生対象に、オンラインイベントを開催し、アメリカでのさまざまな経験を話した。失敗談も。子供たちには、異文化に触れることを恐れないでほしいということを伝えたかった。

6月6日（日）

晴
am　LR　20mile

10000mとマラソンでオリンピックに何度も出ている、アブディ・アブディラマンと一緒にロングランの練習をした。アップダウンのあるコースで、ペースを上げて走り、いい練習ができた。
フラッグスタッフに来てから今日まで何かと忙しかった。先日、日本に新しく実業団のチームができるという記事の中に、選手は「一日十数時間も働いているわけはないし、走っているわけでもない。日本にいて走っていないときは働いてもらう」という記述を見た。いや、意外と忙しいから、とこっちにいる川崎友輝と一緒に反論。
高地ではまず睡眠時間が足りない。その中で、ウエイトトレーニングやマッサージの時間も必要。正直、社業をしている時間はない。走っているだけだろう、と思われるかもしれないけど、そうでもないことを知ってもらいたい。

6月7日（月）

晴
am　14mile
pm　 7 mile
計　21mile

フラッグスタッフもだいぶ暖かくなってきた。3月に来た時は雪もちらついていたが、今は日が当たるとジリジリくる。

山縣亮太くんが昨日、100mで日本記録を出した。他の種目やスポーツはほとんど見ないが、選手のパーソナリティや背景は気になる。山縣くんの職人肌っぽいところには惹かれる。

マラソンは好きなのか？と改めて考えると、自分は走るのは好き。走ると、いろいろなことに気づけるからだ。普段は、ぼーっとしていて頭が全く回らないこともあるが、そんなときに走ると、解決すべき問題点や、こうすればいいじゃんという解決策が見つかる。一人になれるし、頭も回転するので、競技外での問題がある今の方が、走ることが楽しい。

ワークアウトはきついけど、ジョグとかマイレージを積むことに関しては好きかもしれない。

6月8日（火）

晴
am　ワークアウト

フラッグスタッフに買った家の引き渡し。ケニアでの物件探しから考えると5カ月近くかかったが、将来のことを考えるといい買い物ができたと思う。オリンピック前に整えたいという目標も叶った。

オリンピックのレースまでちょうどあと2カ月。今は、まだレースのことをあまり考えていない。身近なことであたふたしている。もちろん、一つ一つの練習は本番から逆算して決めているので、集中はしている。

しかしきっと、2週間前になっても、競技に対しての気持ちの変動はないだろう。引き続きバタバタしながら迎えることになりそう。

楽しみだしワクワクする気持ちは、ケニアにいた頃から変わらない。

ケニアで半年トレーニングを積む予定が、新型コロナウイルスの影響で、オレゴン、アリゾナで過ごすことを余儀なくされた。コロナ禍で競技をするうえでは、ある程度流れに身を任せること、出たとこ勝負で対応すること、不可能なことに抗ってはいけないということを学んだ。

何かに抗う、何かと争うのは疲れる。争わなくちゃいけないときには僕も争う。でも自分ではどうしようもないことと、どうにかなることを区別している。ピートとの対話もその一つ。

ケニアに行く目的には、ノイズキャンセリングもあった。ノイズは、少しはマシになった。でも現実、全くゼロにするのは難しいことを知った。これにも僕は、逆らわなかった。

多くの人が、現状に対して、無理なところで戦ってはいないか。争うのも大事だが、実際、自分のやれることなんて限られているし、それを自覚すれば、気持ちはもっと楽になる。そして、本当にやるべきこと、何に対して頑張ればいいのかというベクトルが明確になるはずだ。

ウエイトトレーニングについて。

ウエイトトレーニングをするのは週2～3回。大体、火曜と金曜日、ワークアウトのあとに1時間ぐらい行っています。そのほかにシークレットウエイトトレーニングも行っているのですが、これは名前の通りシークレットです（笑）。

ウエイトトレーニングって地味できついですよね。高校生のときは必要だと言われたのでやっていましたが、実は「ウエイトなんていらないでしょ」と思っていました。だから大学生になってからは全然やりませんでした。

ところが大学2年生のときに初めてオレゴン・プロジェクトを訪れたのですが、そこではトップアスリートがみんなウエイトトレーニングをしていました。「世界のトップでもこんなにしっかりやるんだな」と驚いて、それからは日本でもウエイトトレーニングをきちんとやるようになりました。オレゴン・プロジェクトでの内容を僕から教えることはありませんでしたが、早稲田のチームメイトや後輩も僕の姿を見て、ウエイトトレーニングの必要性を感じていたようです。

大学時代はトラック種目だったので重さ重視のトレーニングをしていましたが、今はマラソンなので、どちらかというとコアを意識したトレーニングがメインで、ウエイトは単純なデッドリフトぐらい。あとはバランスが必要なランジ系やスクワットでもバーベルを使っていますが、そこまで重いウエイトは上げません。イメージとしては重さよりも、いろいろな種目を満遍なく、無理のない程度で行う感じです。

体は少しずつしか変わっていきません。もし僕が大学1年生の体にパッと戻って走ってみて、また今の体にパッと戻って走ることができたら、ウエイトトレーニングの効果や体の違いが分かるのかもしれませんが、そんなことはできませんよね。他の練習が影響しているかもしれないし、ウエイトトレーニングをやったから速くなるとは言えない。何かが変わった体感もありません。

このトレーニングをしたら劇的に変わるのではないかと、短いスパンで期待する選手も多いですが、どんなトレーニングでも近道はありません。僕も始めた当初はしっくりこなかったし、今でも違和感を覚えることがよくあります。そもそもパーフェクトな練習、パーフェクトなレースなんてない。パーフェクトを求めようとすると、結局自分が気持ちいい練習になってしまって、それでは何の力もつかないし、現状維持どころか、下降して終わってしまうことにもなります。地味なトレーニングでも我慢して、じっくりと長く取り組んでいくことが大切です。

とはいえ、マラソンにおけるウエイトトレーニングの重要性はいくつかあると思っています。

まず高地トレーニングでは、走っているだけだと筋力が落ちてしまう。特に上半身の筋力は衰えやすいので、意識して鍛える必要があります。後半きつくなってもフォームを維持するためには、体幹や上半身の筋力は欠かせません。筋力をある程度キープして、しっかりと推進力をつくるというのも、トラックほどではありませんが、マラソンでも必要な要素だと思っています。

今、一緒にトレーニングをしている吉田祐也くんは、体重が47kgだそう。僕も体を絞っていた大学2年生のときは48kgぐらいまで落としていました。一般的に体重が軽い方が速く走れると思われていて、無駄な筋肉をつけることを怖がる人も多いのですが、僕は筋力をつけて、ある程度体重を増やすことは大切だと思っています。

例えば軽かったときは、調子がいいと押さえが効かず、打ちあがってしまうことが多かった。

また軽いと疲れてきたときに抑えが効かない。例えば吉田くんは軽さを活かした走りをするし、攻めの姿勢を持ったいい選手です。

とはいえ、練習の質やボリュームにまだ慣れていないので、僕は「この練習できる？」と聞くようにしています。すると彼は毎回「できます」と答える。ところがいざ走ると、疲れてきたときに抑えが効かなくなって、引っ張る場面で引っ張りきれなかったりする。

筋力を増やして、体重を増やさないと、練習やレースで、自分の体をコントロールできない状況になったときに、耐える底力というのが出せなくなってしまう。

スタンダードな距離、スタンダードな練習、スタンダードなウエイトトレーニングを確実にできるようになれば、結果はついてくるはずです。

ウエイトトレーニングが身になるまでに時間はかかるかもしれないけれど、吉田くんにはまだまだ伸び代があるし、彼ぐらいの歳からしっかりと時間をかけて積んでいけば面白い選手になるのではと、僕自身楽しみにしています。

ちなみに海外の選手のウエイトトレーニングを見ていると、結構適当にやっている人が多くて、フォームの正確さとかはあまり気にしていないようです（笑）。一方で日本人選手は効率化を求めているのか、段階を追い過ぎている印象。初めのうちは無駄な筋肉がついても、うまくなってくれば自然と必要な筋肉が残って、いらない筋肉は落ちると僕は思っています。だからあまりナーバスになる必要はない気がします。

とはいえ、自分で適当にやっていいというわけではありません。自分の今の筋力はどれぐらいなのか、どんな強度でどんなメニューをこなしたらいいかは選手それぞれによって異なります。ウエイトの指導者は絶対につけるようにしましょう。

2021年5月27日

揺れながら前に進む。

他人とは違う道を選んだからなのか、なぜか僕に対して揺らがず進んでいくようなイメージを持つ人が多いのですが……。前にも書きましたが、不安症なところがあるぐらいなので、むしろ揺れない瞬間なんてないというぐらいいつも揺れています。

この日誌の初めのころ、僕はノイズキャンセリングのためにケニアを合宿地に選んだと書きました。確かに僕にとっては知りたくない新型コロナウイルスやオリンピック関連の情報はシャットアウトできました。だけど自分でCMや取材、シュガーエリートなど、全く別のノイズを増やしてしまった。今はリモート会議が主流なので、ケニアにいても打ち合わせの予定がぎっしりという日もあったし。今振り返ってみると、ノイズキャンセリングどころかイヤホンすらつけていなかったみたいな（笑）。

ケニアがロックダウンし、アメリカに緊急帰国したときは制限が解除されたらイテンに戻ろうと思っていました。だけど結局、僕の原点であるアメリカで最後までトレーニングをしようと決めた。これも迷いですよね。

常に迷って、些細なことにイライラして、どうしようもなくなって、夜寝る前になるといろいろ考え始めて不安になる。それでも朝になるとフレッシュな気持ちで起きて、「今日も頑張ろう！」と思う。このサイクルは永遠に続くんだろうなと思うし、みんな同じですよね。

前著の『走って、悩んで、見つけたこと』が出たあと、思っていた以上にいろいろな方から、さまざまな感想をいただいて、ちょっと驚きました。そしてみんななぜこの本を読んでくれたんだろうと考えたんです。きっと僕が『禅マインド ビギナーズ・マインド』や『バガボンド』を読んで、共感する部分があるのと一緒なのかなと感じました。自分が揺れて、迷って、でも「こうありたい」という思いが強いあまりに不安になる。迷っている自分を前に向かせるため、選ぶ道を正当化するための本が必要なときが誰にでもあるのではないでしょうか。

強さを、ブレないこと、何も考えずひとつのことに突き進むことだと捉える人は多いですよね。いろいろな考えがあると思いますが、僕はブレることは弱さだとは思っていません。むしろ強くなりたいからこそ迷う。だからブレてもいい。失敗してもいい。選ぶ道が全て正しいなんてありえなくて、絶対に失敗することはありますから。大切なのは、どんなことがあっても最後は自分の芯である部分に戻ってくること。それが強さだと僕は思っています。

これからも揺れる日々は続くでしょう。僕が戻るべき芯は「強くなりたい」という気持ち。揺れ動いても、どんな選択をしても、必ずそこに戻っていくのです。

2021年5月27日

僕にとっての東京オリンピック。

僕にとって、オリンピックはとても大きなものです。

オリンピックの最初の記憶は、7歳のときに見た長野オリンピック。細かなシーンは覚えていないのですが、あのオリンピックをきっかけにジャンプの選手になりたいというところから始まって、オリンピック選手になるのが僕の夢になりました。子供の頃によく書かされる"将来の夢"にも「オリンピック選手になる」と書いていた記憶があります。

競技生活を振り返っても、原動力のひとつとしてオリンピックは外せませんし、あの舞台で日本人が活躍する姿を見せることが、次のジェネレーションのモチベーションになると思っています。

東京オリンピックは、僕にとって2度目のオリンピックになります。前回のリオオリンピックは5000mと10000mに出場しましたが、単純にもう少し頑張りたかったなという気持ちと、トラックで世界と互角に戦う難しさを痛感しました。そして、あのとき惨敗したことで、自分がどれだけ速いかは分からないけれど、マラソンに挑戦したいという思いが強くなりました。

最初はトラックとマラソン、どちらかひとつに絞るつもりはあまりありませんでした。だけど僕はオリンピックどころか、ダイヤモンドリーグでも世界陸上でも、トラックで上位入賞した経験はありません。一方でマラソンはメジャーズで優勝した日本人選手もいるし、僕もシカゴマラソンでは3位に入ることができました。そう考えると、単純な自信の差もあるし、世界と互角に戦える可能性はトラックよりもマラソンの方が高いと思ったのです。

一方で、ガチンコ勝負で勝てると思っているほど楽観視はしていません。他の選手がみんな2時間2分台級の走りをしたら、勝ち目はない。だけど絶対にそういう展開にはならないでしょう。

マラソンは自分のエネルギーを少しずつ出していく作業です。誰かがギアを上げたときに、焦って差を詰めたりすると、エネルギーが急激に減ってしまう。周りに惑わされず、自分のリズムと走りに集中して「待つ」ことが大切なのです。そしてトップ選手の誰かが落ちてきたときに、空いた席に滑り込めるよういかにウエイティングリストの上の方で待っていられるか。それが日本人が世界と互角に戦うために必要な戦略だと思っています。

オリンピックが1年延期になって、よかったことも、悪かったこともありました。代表になるために、2019年3月から半年に1度のペースでマラソンを走っていて、その度にハードなトレーニングをしていましたから、延期になって、気持ち的にも体力的にも余裕ができました。あのままオリンピックを走っていたら、ベストの走りはできなかったかもしれません。

一方で家族と離れて過ごす期間はさらに1年延びました。20年の7月中旬以降は合宿や大会を転々としていたので、家族と一緒に過ごせたのは、ほんの数週間。ケニアに滞在中は、時折ホームシックになるというか、家族に会いたい気持ちにもなりました。最終合宿地をアメリカにしましたが、高地トレーニングでオレゴンを離れる時間も多いですし、東京オリンピックまでもう少しの我慢です。

マラソンのスタートラインには、ゴールとは違う達成感があります。日々の葛藤と闘いながら取り組んできたハードな練習、色々なものを我慢した時間、そういうさまざまなことが胸をよぎります。あとは42.195kmを走れば終わる。そんな開き直ったような気持ちになるんです。自国開催のオリンピックですから、自分のスタンスとしてはやっぱりドキドキはしています。だけど、やれることをやるしかないなと開き直った気分なのも正直なところです。

コロナ禍でのオリンピックがどんなものになるかは分からないし、どんな結果になるのかも分かりません。もしかしたら開催されないかもしれない。だけど、もし開催されなかったら、僕たちアスリートは可哀想ですか？　僕はそうは思いません。

東京オリンピックに向けて、積み重ねてきた過程にぜひ目を向けてください。アスリートそれぞれが葛藤を持つなかで、みんな自分なりのドラマとゴールを見つけて、自分なりの価値観を持って取り組み、突き進んできた。

もちろん何事もなく、東京オリンピックが開催されることが一番良いシナリオです。でも開催されなかったとしても、マラソンならアボット・ワールドマラソンメジャーズのように世界と戦える大会、オプションはいくらでもあるのです。

オリンピックがなくなったからといって、僕たちが努力をしてきた過程はゼロになるわけではありません。それぞれのアスリートが、オリンピックとは別のドラマとゴールを見つけて、進めばいいと思っています。

日本代表に決まってから15カ月。日誌を読み返してみれば、新型コロナウイルスの影響で足踏みをしたり、変更を余儀なくされたり、立ち止まりたくなることもあった日々が思い出されます。それでも立ち向かい進んできたことが、それぞれのアスリートの価値であると僕は思っています。

あと1カ月。僕らができるのはどんな状況になろうとも自分を信じて進むということだけ。オリンピックの先も僕らのドラマは続いていくのですから。

※日誌の練習メニューの一部分に関し、著者の意向により
表記を控えています。

構成	林田順子
ブックデザイン	番洋樹
カバー写真	松本昇大
本文写真	大迫隼也
協力	両角速／竹井尚也
DTP制作	エヴリ・シンク

大迫傑（おおさこ・すぐる）

陸上長距離種目選手。1991年、東京都町田市出身。町田市立金井中学校時代に陸上を本格的に始め、3年生のとき、3000mで東京都中学校最高記録を出した。佐久長聖高校に進み、2年生のときの全国高校駅伝ではアンカーとして区間賞を獲得する活躍で、優勝に貢献した。早稲田大学時代には、4度箱根駅伝に出場し、2011、12年には区間賞を獲得した。13年のカーディナル招待では、日本人学生の1万mの記録を更新した。大学卒業後は、日清食品グループと契約し、15年にはナイキ・オレゴン・プロジェクトに所属を移した。16年、日本陸上競技選手権大会の5000mと1万mで優勝。17年4月、ボストンマラソンでは2時間10分28秒で3位、12月の福岡国際マラソンでは2時間7分19秒で3位となった。18年10月のシカゴマラソンでは、2時間5分50秒の日本新記録を出し3位となった。20年3月の東京マラソンでは2時間5分29秒でゴールし、自身の持つ日本記録を更新。その後、東京オリンピックの男子マラソン代表選手に決まった。

決戦前のランニングノート
大迫傑が考案したランニングノート付

2021年7月30日　第1刷発行

著　者　大迫 傑
発行者　松井一晃
発行所　株式会社　文藝春秋
〒102-8008　東京都千代田区紀尾井町3-23
電話 03-3265-1211
印　刷　光邦
製　本　光邦

ISBN978-4-16-391406-0　Printed in Japan

Running Note
31 days

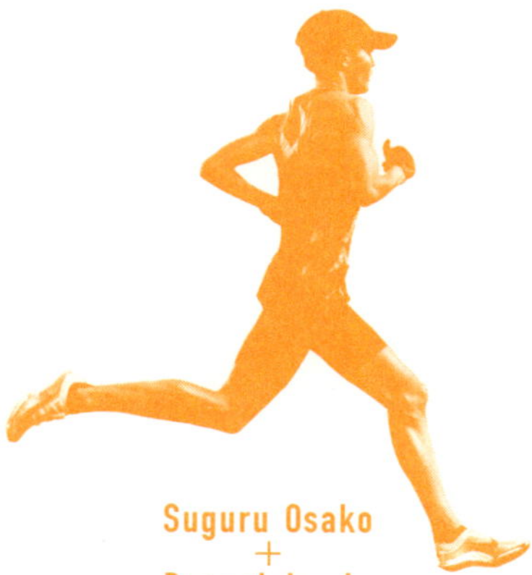

Suguru Osako
+
Bungeishunju

Name

年　月　日　曜日	天気　気温　℃　風

午前練習メニュー

場所	練習パートナー	シューズ

午前　時	距離　km	タイム	ペース

午後練習メニュー

場所	練習パートナー	シューズ

午前　時	距離　km	タイム	ペース

筋力トレーニングメニュー

朝食	昼食	夕食

小さな成長

小さな発見

練習における今日の反省・明日への課題

練習に限らず今日気づいたこと、考えたことを自由に

年　月　日　曜日	天気　気温　℃　風

午前練習メニュー

場所	練習パートナー	シューズ	
午前　時	距離　km	タイム	ペース

午後練習メニュー

場所	練習パートナー	シューズ	
午前　時	距離　km	タイム	ペース

筋力トレーニングメニュー

朝食	昼食	夕食

小さな成長

小さな発見

練習における今日の反省・明日への課題

練習に限らず今日気づいたこと、考えたことを自由に

年　月　日　曜日	天気　気温　℃　風

午前練習メニュー

場所	練習パートナー	シューズ

午前	距離	タイム	ペース
時	km		

午後練習メニュー

場所	練習パートナー	シューズ

午前	距離	タイム	ペース
時	km		

筋力トレーニングメニュー

朝食	昼食	夕食

小さな成長

小さな発見

練習における今日の反省・明日への課題

練習に限らず今日気づいたこと、考えたことを自由に

年　月　日　曜日	天気　気温　℃　風

午前練習メニュー

場所	練習パートナー		シューズ
午前　時	距離　km	タイム	ペース

午後練習メニュー

場所	練習パートナー		シューズ
午前　時	距離　km	タイム	ペース

筋力トレーニングメニュー

朝食	昼食	夕食

小さな成長

小さな発見

練習における今日の反省・明日への課題

練習に限らず今日気づいたこと、考えたことを自由に

年　月　日　曜日	天気　気温　℃　風		
午前練習メニュー			
場所	練習パートナー	シューズ	
午前　時	距離　km	タイム	ペース
午後練習メニュー			
場所	練習パートナー	シューズ	
午前　時	距離　km	タイム	ペース
筋力トレーニングメニュー			
朝食	昼食	夕食	

小さな成長

小さな発見

練習における今日の反省・明日への課題

練習に限らず今日気づいたこと、考えたことを自由に

年　月　日　曜日	天気　気温　℃　風

午前練習メニュー

場所	練習パートナー	シューズ

午前	距離	タイム	ペース
時	km		

午後練習メニュー

場所	練習パートナー	シューズ

午前	距離	タイム	ペース
時	km		

筋力トレーニングメニュー

朝食	昼食	夕食

小さな成長

小さな発見

練習における今日の反省・明日への課題

練習に限らず今日気づいたこと、考えたことを自由に

年　月　日　曜日	天気　気温　℃　風		
午前練習メニュー			
場所	練習パートナー	シューズ	
午前　時	距離　km	タイム	ペース
午後練習メニュー			
場所	練習パートナー	シューズ	
午前　時	距離　km	タイム	ペース
筋力トレーニングメニュー			
朝食	昼食	夕食	

小さな成長

小さな発見

練習における今日の反省・明日への課題

練習に限らず今日気づいたこと、考えたことを自由に

年　月　日　曜日	天気　気温　℃　風

午前練習メニュー

場所	練習パートナー	シューズ
午前　時	距離　km	タイム	ペース

午後練習メニュー

場所	練習パートナー	シューズ
午前　時	距離　km	タイム	ペース

筋力トレーニングメニュー

朝食	昼食	夕食

小さな成長

小さな発見

練習における今日の反省・明日への課題

練習に限らず今日気づいたこと、考えたことを自由に

年　月　日　曜日	天気　気温　℃　風		
午前練習メニュー			
場所	練習パートナー	シューズ	
午前　時	距離　km	タイム	ペース
午後練習メニュー			
場所	練習パートナー	シューズ	
午前　時	距離　km	タイム	ペース
筋力トレーニングメニュー			
朝食	昼食	夕食	

小さな成長

小さな発見

練習における今日の反省・明日への課題

練習に限らず今日気づいたこと、考えたことを自由に

年　月　日　曜日	天気　気温　℃　風

午前練習メニュー		
場所	練習パートナー	シューズ

午前　時	距離　km	タイム	ペース

午後練習メニュー		
場所	練習パートナー	シューズ

午前　時	距離　km	タイム	ペース

筋力トレーニングメニュー		
朝食	昼食	夕食

小さな成長

小さな発見

練習における今日の反省・明日への課題

練習に限らず今日気づいたこと、考えたことを自由に

年　月　日　曜日	天気　気温　℃　風

午前練習メニュー

場所	練習パートナー	シューズ

午前　時	距離　km	タイム	ペース

午後練習メニュー

場所	練習パートナー	シューズ

午前　時	距離　km	タイム	ペース

筋力トレーニングメニュー

朝食	昼食	夕食

小さな成長

小さな発見

練習における今日の反省・明日への課題

練習に限らず今日気づいたこと、考えたことを自由に

年　月　日　曜日	天気　気温　℃　風		
午前練習メニュー			
場所	練習パートナー	シューズ	
午前　時	距離　km	タイム	ペース
午後練習メニュー			
場所	練習パートナー	シューズ	
午前　時	距離　km	タイム	ペース
筋力トレーニングメニュー			
朝食	昼食	夕食	

小さな成長

小さな発見

練習における今日の反省・明日への課題

練習に限らず今日気づいたこと、考えたことを自由に

年 月 日 曜日	天気 気温 ℃ 風

午前練習メニュー

場所	練習パートナー	シューズ

午前 時	距離 km	タイム	ペース

午後練習メニュー

場所	練習パートナー	シューズ

午前 時	距離 km	タイム	ペース

筋力トレーニングメニュー

朝食	昼食	夕食

小さな成長

小さな発見

練習における今日の反省・明日への課題

練習に限らず今日気づいたこと、考えたことを自由に

<table>
<tr><td colspan="4">年　月　日　曜日</td><td colspan="4">天気　気温　℃　風</td></tr>
<tr><td colspan="8">午前練習メニュー</td></tr>
<tr><td colspan="2">場所</td><td colspan="3">練習パートナー</td><td colspan="3">シューズ</td></tr>
<tr><td>午前
時</td><td colspan="2">距離
km</td><td colspan="2">タイム</td><td colspan="3">ペース</td></tr>
</table>

<table>
<tr><td colspan="8">午後練習メニュー</td></tr>
<tr><td colspan="2">場所</td><td colspan="3">練習パートナー</td><td colspan="3">シューズ</td></tr>
<tr><td>午前
時</td><td colspan="2">距離
km</td><td colspan="2">タイム</td><td colspan="3">ペース</td></tr>
</table>

<table>
<tr><td colspan="3">筋力トレーニングメニュー</td></tr>
<tr><td>朝食</td><td>昼食</td><td>夕食</td></tr>
</table>

小さな成長

小さな発見

練習における今日の反省・明日への課題

練習に限らず今日気づいたこと、考えたことを自由に

年　月　日　曜日　天気　気温　℃　風

午前練習メニュー

場所

練習パートナー

シューズ

午前　時

距離　km

タイム

ペース

午後練習メニュー

場所

練習パートナー

シューズ

午前　時

距離　km

タイム

ペース

筋力トレーニングメニュー

朝食

昼食

夕食

小さな成長

小さな発見

練習における今日の反省・明日への課題

練習に限らず今日気づいたこと、考えたことを自由に

年　月　日　曜日	天気　気温　℃　風		
午前練習メニュー			
場所	練習パートナー	シューズ	
午前　時	距離　km	タイム	ペース
午後練習メニュー			
場所	練習パートナー	シューズ	
午前　時	距離　km	タイム	ペース
筋力トレーニングメニュー			
朝食	昼食	夕食	

小さな成長

小さな発見

練習における今日の反省・明日への課題

練習に限らず今日気づいたこと、考えたことを自由に

年 月 日 曜日	天気 気温 ℃ 風

午前練習メニュー			
場所	練習パートナー		シューズ
午前 時	距離 km	タイム	ペース

午後練習メニュー			
場所	練習パートナー		シューズ
午前 時	距離 km	タイム	ペース

筋力トレーニングメニュー		
朝食	昼食	夕食

小さな成長

小さな発見

練習における今日の反省・明日への課題

練習に限らず今日気づいたこと、考えたことを自由に

年　月　日　曜日	天気　気温　℃　風

午前練習メニュー

場所	練習パートナー	シューズ

午前 時	距離 km	タイム	ペース

午後練習メニュー

場所	練習パートナー	シューズ

午前 時	距離 km	タイム	ペース

筋力トレーニングメニュー

朝食	昼食	夕食

小さな成長

小さな発見

練習における今日の反省・明日への課題

練習に限らず今日気づいたこと、考えたことを自由に

年　月　日　曜日	天気　気温　℃　風

午前練習メニュー

場所	練習パートナー	シューズ

午前　時	距離　km	タイム	ペース

午後練習メニュー

場所	練習パートナー	シューズ

午前　時	距離　km	タイム	ペース

筋力トレーニングメニュー

朝食	昼食	夕食

小さな成長

小さな発見

練習における今日の反省・明日への課題

練習に限らず今日気づいたこと、考えたことを自由に

年　月　日　曜日	天気　気温　℃　風

午前練習メニュー

場所	練習パートナー	シューズ

午前	距離	タイム	ペース
時	km		

午後練習メニュー

場所	練習パートナー	シューズ

午前	距離	タイム	ペース
時	km		

筋力トレーニングメニュー

朝食	昼食	夕食

小さな成長

小さな発見

練習における今日の反省・明日への課題

練習に限らず今日気づいたこと、考えたことを自由に

年　月　日　曜日	天気　気温　℃　風

午前練習メニュー			
場所	練習パートナー		シューズ
午前　時	距離　km	タイム	ペース

午後練習メニュー			
場所	練習パートナー		シューズ
午前　時	距離　km	タイム	ペース

筋力トレーニングメニュー		
朝食	昼食	夕食

小さな成長

小さな発見

練習における今日の反省・明日への課題

練習に限らず今日気づいたこと、考えたことを自由に

年　月　日　曜日	天気　気温　℃　風

午前練習メニュー

場所	練習パートナー	シューズ

午前	距離	タイム	ペース
時	km		

午後練習メニュー

場所	練習パートナー	シューズ

午前	距離	タイム	ペース
時	km		

筋力トレーニングメニュー

朝食	昼食	夕食

小さな成長

小さな発見

練習における今日の反省・明日への課題

練習に限らず今日気づいたこと、考えたことを自由に

年 月 日 曜日	天気 気温 ℃ 風

午前練習メニュー

場所	練習パートナー	シューズ

午前	距離	タイム	ペース
時	km		

午後練習メニュー

場所	練習パートナー	シューズ

午前	距離	タイム	ペース
時	km		

筋力トレーニングメニュー

朝食	昼食	夕食

小さな成長

小さな発見

練習における今日の反省・明日への課題

練習に限らず今日気づいたこと、考えたことを自由に

年　月　日　曜日	天気　気温　℃　風

午前練習メニュー

場所	練習パートナー	シューズ

午前　時	距離　km	タイム	ペース

午後練習メニュー

場所	練習パートナー	シューズ

午前　時	距離　km	タイム	ペース

筋力トレーニングメニュー

朝食	昼食	夕食

小さな成長

小さな発見

練習における今日の反省・明日への課題

練習に限らず今日気づいたこと、考えたことを自由に

年　月　日　曜日　天気　気温　℃　風

午前練習メニュー

場所	練習パートナー	シューズ
午前　時	距離　km	タイム	ペース

午後練習メニュー

場所	練習パートナー	シューズ
午前　時	距離　km	タイム	ペース

筋力トレーニングメニュー

朝食	昼食	夕食

小さな成長

小さな発見

練習における今日の反省・明日への課題

練習に限らず今日気づいたこと、考えたことを自由に

年　月　日　曜日	天気　気温　℃　風		
午前練習メニュー			
場所	練習パートナー	シューズ	
午前　時	距離　km	タイム	ペース
午後練習メニュー			
場所	練習パートナー	シューズ	
午前　時	距離　km	タイム	ペース
筋力トレーニングメニュー			
朝食	昼食	夕食	

小さな成長

小さな発見

練習における今日の反省・明日への課題

練習に限らず今日気づいたこと、考えたことを自由に

年　月　日　曜日	天気　気温　℃　風

午前練習メニュー

場所	練習パートナー	シューズ

午前　時	距離　km	タイム	ペース

午後練習メニュー

場所	練習パートナー	シューズ

午前　時	距離　km	タイム	ペース

筋力トレーニングメニュー

朝食	昼食	夕食

小さな成長

小さな発見

練習における今日の反省・明日への課題

練習に限らず今日気づいたこと、考えたことを自由に

年　月　日　曜日　天気　気温　℃　風

午前練習メニュー

場所
練習パートナー
シューズ

午前　時
距離　km
タイム
ペース

午後練習メニュー

場所
練習パートナー
シューズ

午前　時
距離　km
タイム
ペース

筋力トレーニングメニュー

朝食
昼食
夕食

小さな成長

小さな発見

練習における今日の反省・明日への課題

練習に限らず今日気づいたこと、考えたことを自由に

年　月　日　曜日	天気　気温　℃　風

午前練習メニュー

場所	練習パートナー	シューズ

午前　時	距離　km	タイム	ペース

午後練習メニュー

場所	練習パートナー	シューズ

午前　時	距離　km	タイム	ペース

筋力トレーニングメニュー

朝食	昼食	夕食

小さな成長

小さな発見

練習における今日の反省・明日への課題

練習に限らず今日気づいたこと、考えたことを自由に

年　月　日　曜日	天気　気温　℃　風

午前練習メニュー

場所	練習パートナー	シューズ

午前	距離	タイム	ペース
時	km		

午後練習メニュー

場所	練習パートナー	シューズ

午前	距離	タイム	ペース
時	km		

筋力トレーニングメニュー

朝食	昼食	夕食

小さな成長

小さな発見

練習における今日の反省・明日への課題

練習に限らず今日気づいたこと、考えたことを自由に

年　月　日　曜日	天気　気温　℃　風		
午前練習メニュー			
場所	練習パートナー	シューズ	
午前　時	距離　km	タイム	ペース
午後練習メニュー			
場所	練習パートナー	シューズ	
午前　時	距離　km	タイム	ペース
筋力トレーニングメニュー			
朝食	昼食	夕食	

小さな成長

小さな発見

練習における今日の反省・明日への課題

練習に限らず今日気づいたこと、考えたことを自由に